中低速磁浮轨道施工与维保技术

刘耀强　陈　伟　田维平　著

中国铁道出版社有限公司

2023年·北　京

内 容 简 介

本书以凤凰磁浮文化旅游项目和长沙磁浮快线为主要背景，对中低速磁浮工程的施工工艺与工程质量验收要求进行了系统总结，并详细介绍了长沙磁浮快线的维保工作内容与规则，可为后续开展的其他中低速磁浮线路工程提供参考。

本书可作为磁浮铁路相关科研人员和工程管理人员的参考用书，也可作为高等院校的教学用书。

图书在版编目(CIP)数据

中低速磁浮轨道施工与维保技术/刘耀强，陈伟，田维平著．—北京：中国铁道出版社有限公司，2024.1

ISBN 978-7-113-29801-2

Ⅰ.①中… Ⅱ.①刘…②陈…③田… Ⅲ.①磁浮铁路-轨道(铁路)-铁路施工②磁浮铁路-轨道(铁路)-维修 Ⅳ.①U237

中国版本图书馆 CIP 数据核字(2022)第 207872 号

书　　名：中低速磁浮轨道施工与维保技术
作　　者：刘耀强　陈　伟　田维平

责任编辑：赵雅敏　　**编辑部电话：**(010)51873141
封面设计：高博越
责任校对：刘　畅
责任印制：赵星辰

出版发行：中国铁道出版社有限公司(100054，北京市西城区右安门西街 8 号)
网　　址：http://www.tdpress.com
印　　刷：北京盛通印刷股份有限公司
版　　次：2024 年 1 月第 1 版　2024 年 1 月第 1 次印刷
开　　本：880 mm×1 230 mm　1/32　**印张：**5.5　**字数：**126 千
书　　号：ISBN 978-7-113-29801-2
定　　价：55.00 元

前言

近几年我国中低速磁浮交通发展迅速，长沙磁浮快线、北京地铁 S1 线（北京磁浮线）相继建成并运营，已形成了一系列具有自主知识产权的磁浮交通技术。磁浮交通与常见的传统轨道交通有很大区别，其车辆主要依靠磁场产生的强大电磁吸力或斥力使车身浮起，并在直线感应电机的驱动下前进。由于磁浮列车在运行时不会与轨道结构发生机械接触，因此这种交通形式具有噪声小、能耗低、爬坡能力强、维护费用低、乘坐舒适安全等特点。

凤凰磁浮文化旅游项目是全球首个“磁浮＋文化＋旅游”项目，是继长沙磁浮快线后湖南省投资建设的第二条商业中低速磁浮线路。凤凰磁浮文化旅游项目由湖南磁浮集团股份有限公司承建，中国中铁一局集团新运工程有限公司负责线路施工。该磁浮线路全长 9.121 km，设车站 6 座，磁浮高铁站和世外桃源站为地面站，其余均为高架站，列车设计时速 100 km。该磁浮线路的轨道工程主要包括承轨梁、道岔梁、轨排及附属设施等部分，项目施工具有工期紧、精度高、线路条件复杂等特点。本书以凤凰磁浮文化旅游项目和长沙磁浮快线为主要背景，对中低速磁浮工程的施工工艺与工程质量验收要求进行了系统总结，并详细介绍了长沙磁浮快线的维保工作内容与规则，可为后续开展的其他中低速磁浮线路工程提供参考。

本书共分为八章，第 1 章介绍了磁浮交通系统的原理特点、国内外应用情况及本书主要内容，第 2 章介绍了中低速磁浮系统的特点和轨道结构的组成，第 3 章介绍了中低速磁浮车辆、线路、轨道、桥梁、隧道、牵引供电和运行控制的技术指标与参数，第 4 章介绍了中低速磁浮轨排加工与组装，第 5 章结合凤凰文化旅游项目介绍中低速磁浮轨道施工工艺，第 6 章介绍了中低速磁浮工程车辆、轨道、道岔的质量验收要求，第 7 章结合长沙磁浮快线介绍了中低速磁浮轨道维保工作内容与要求，第 8 章介绍了磁浮交通发展趋势及展望。

此书在编著过程中，受到中铁二院工程集团有限责任公司蔡文锋，中国中铁一局集团新运工程有限公司王飞飞、石玮、杨媚，中南大学徐磊、张于硕的支持与帮助。由于作者水平有限，时间仓促，书中缺点在所难免，敬请读者批评指正。

作　者

2023 年 6 月

目录

1 绪　　论

磁浮交通是21世纪新兴的一种轨道交通客运方式，因其在绿色环保、节约能源、安全舒适等方面较常规轮轨交通有明显优势而受到政府和科研机构的广泛关注。磁浮交通的基本原理和结构形式与常见的传统轮轨系统有着本质区别，其支承和导向功能均是通过添加在悬浮架上的电磁铁产生的电磁吸力或斥力进行主动控制。因此磁浮列车在运行时避免了轮轨机械接触，也就消除了传统轮轨车辆需要依靠轮轨机械接触实现牵引导向所带来的弊端和问题，传统轮轨交通在高速化方面发展迅速，高速铁路运营速度已超过300 km/h。但研究表明，受制于轮轨作用的极限条件，若想在此基础上进一步提升运营速度将十分困难。车轨系统会产生巨大噪声和剧烈振动，严重影响周边环境，降低乘坐安全性和舒适度，且轮轨以及其他部件的机械磨损增加迫使维修保养工作量和费用剧增。磁浮列车在高速运行时依然能够保持低能耗、低噪声、小振动、高乘坐质量等方面优势，目前已在中国、德国、日本、韩国、美国等国家受到广泛关注，并且具备潜力逐渐发展为重要的客运交通方式。

1.1　磁浮交通基本原理与特点

1.1.1　磁浮交通基本原理

磁浮交通系统是一种“非接触”的轨道交通系统，其结构形式有别于传统的轮轨交通系统。磁浮列车通过电磁力(吸力或斥力)悬浮和导向车体,并使用直线电机作为牵引。按照电磁力的产生方式,目前磁浮列车已采用的电磁悬浮模式可分为永磁悬浮(permanent magnet suspension,PMS)、常导电磁悬浮(electromagnetic suspension,EMS)、超导电动悬浮(electrodynamic suspension,EDS)、高温超导悬浮(high temperature superconducting suspension,HTS)及以上四种基本悬浮方式组合后的混合电磁悬浮方式。图 1-1 为四种基本悬浮方式与结构形式。

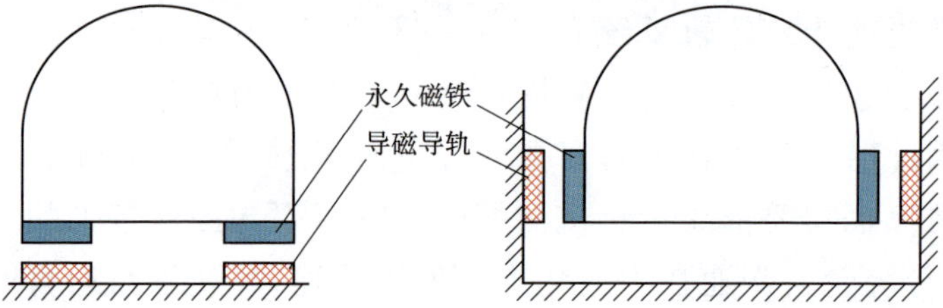

斥力悬浮(同级相对)　　吸力悬浮(异级相对)

(a)永磁悬浮(PMS)

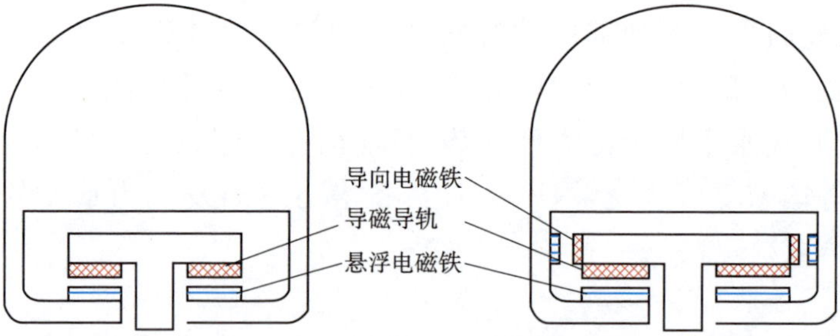

低速常导磁浮　　高速常导磁浮

(b)常导电磁悬浮(EMS)

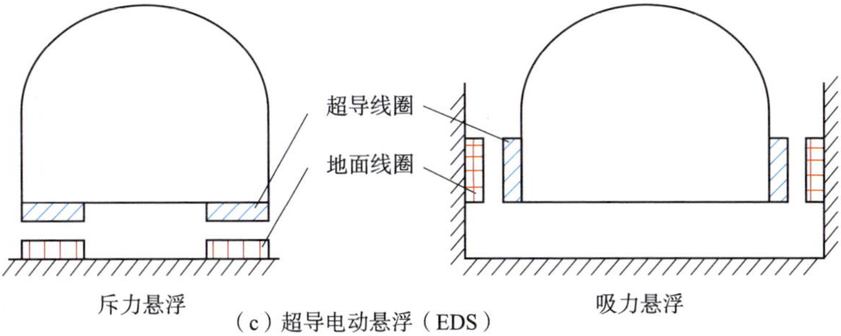

（c）超导电动悬浮（EDS）

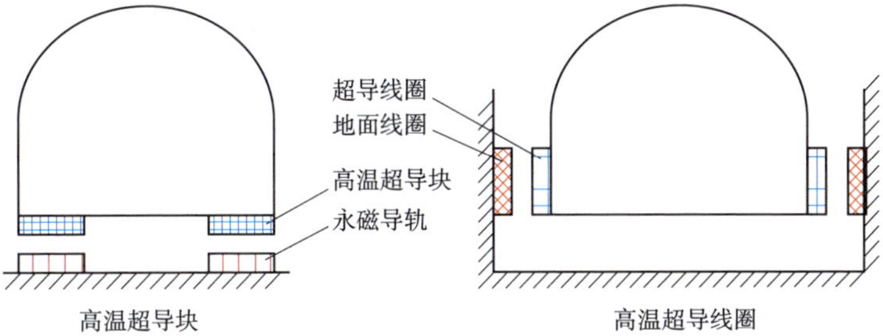

（d）高温超导悬浮（HTS）

图 1-1　磁浮列车悬浮方式和结构形式

其中，常导电磁悬浮（EMS）和超导电动悬浮（EDS）是当今最具有代表意义的两种常用的悬浮方式。EMS 型列车以不同等级的速度模式作为区分，分为中低速磁浮列车和高速磁浮列车，两者采用不同的导向方式。中低速吸力型磁浮列车沿轨道中心线错位布置电磁铁，利用其自动复位的特性提供导向力，高速吸力型磁浮列车通过设置专门的导向电磁铁来提供列车导向力；在导向原理方面，低温和高温磁浮列车的导向原理分别是零磁通原理和费米能级钉扎效应（pinning effect）。不同于可以保持自稳定电磁悬浮的斥力型超导磁浮列车，吸力型的常导磁浮列车需要添加比较完整的悬浮和导向反馈控制，以实现车辆的稳定悬浮和平稳导向。

在驱动系统方面，中低速磁浮列车采用短定子安装在车体上的方式，电机为直线感应电动机（LIM）；高速磁浮列车则采用长定子安装在线路上的方式，电机采用直线同步电动机（LSM），依靠线路提供列车牵引力。中低速磁浮列车技术一般采用常导短定子方式，利用弓形悬浮架下方的电磁铁与 F 型导轨（简称 F 轨）之间的异性相吸原理实现列车的悬浮与导向，依靠直线感应电机牵引和制动磁浮列车，悬浮架上安装短定子，由气隙传感器监控悬浮间隙，若出现间隙过大或过小的情况，主动控制系统调整力的大小以保持悬浮间隙的稳定。

1.1.2 磁浮交通分类

1. 按运行速度划分

按照列车运行速度可分为高速磁浮交通和中低速磁浮交通两种类型，见表 1-1。

表 1-1 磁浮交通类型（按运行速度划分）

运行速度	高速磁浮（400～500 km/h）	中低速磁浮（100～200 km/h）
适用范围	远距离城际交通	城市内、近距离城市间、旅游景区，由于地质条件限制不适于修建地铁的城市
国内外研发情况	目前德国和日本掌握技术，中国正在研发	目前日本、韩国和中国掌握技术，美国正在研发

2. 按电磁铁种类划分

根据直线电机线圈绕组是否使用超导材料，磁浮轨道可以分为常导吸引型磁悬浮和超导排斥型磁悬浮两大类，见表 1-2。

表 1-2　磁浮交通类型（按电磁铁种类划分）

电磁铁种类	常导吸引型		超导排斥型
悬浮机制	以常导磁铁和导轨作为导磁铁，用气隙传感器来调节列车与线路之间的悬浮间隙大小		利用超导磁铁和低温技术来实现列车与线路之间悬浮运行
悬浮间隙	10 mm 左右		100 mm 左右
运行速度	≤120 km/h	300～500 km/h	100～1 000 km/h
适用范围	城市内、近距离城市之间、快速专用线	城际及市郊线	远距离城市间

3. 按制冷剂及工作温度划分

高温超导磁浮铁路依靠制冷剂使超导绕组维持在超导状态。目前超导磁悬浮常用的制冷剂为液氮和液氦。根据两者工作温度的不同，磁浮铁路又可划分为高温超导磁悬浮和低温超导磁悬浮两类，见表 1-3。

表 1-3　磁浮交通类型（按制冷剂及工作温度划分）

工作温度类型	高温超导（−196 ℃）	低温超导（−269 ℃）
制冷剂	一般采用液氮	液氦
研发情况	西南交通大学研制出以钇（Y）为主的钇钡铜氧高温超导体块材	日本的 ML 磁悬浮超导绕组使用铌钛（NbTi）合金制造

4. 按悬浮方式划分

磁浮列车按悬浮方式可以分为电磁悬浮、电动悬浮、超导钉扎悬浮、永磁电磁混合悬浮、永磁力悬浮五种，见表 1-4。

表 1-4 磁浮交通类型(按悬浮方式划分)

悬浮方式	悬浮机理	特点
电磁悬浮	利用常导电磁铁和导轨之间产生吸引力使车辆浮起，必须采用气隙传感器主动控制悬浮间隙	成本较低，既适用于高速(400～600 km/h)，也适用于低速运行(50～100 km/h)
电动悬浮	利用车辆底的超导磁体和轨道上的铝环线圈的相对运动产生斥力使车辆浮起	不需要主动进行悬浮控制，悬浮间隙大，具有较好的安全性和可靠性
超导钉扎悬浮	利用钉扎特性使得超导体感应产生超导强电流，与外磁场相互作用产生悬浮力与导向力	基建成本较低，冷却所需氮气来源于空气又排放回空气，不会造成环境污染
永磁电磁混合悬浮	永磁提供正常悬浮所需的磁场，电磁铁仅提供调节间隙的悬浮力	减小功耗，抑制发热
永磁悬浮	利用永磁同极间的斥力进行悬浮	结构形式较简单，缺点为横向位移不稳定

5. 按牵引方式划分

磁浮列车按列车的牵引驱动方式可以分为短定子和长定子。定子的作用主要是产生旋转磁场，而转子的主要作用是在旋转磁场中被磁力线切割进而产生输出电流。

(1)短定子

短定子直线电机的定子设置在车辆上，转子展开铺置于线路轨道上，定子由于其长度受到列车长度的限制，故称为“短定子”，适合于低速运行。短定子磁浮一般采用列车驱动技术，当定子绕组通电后，转子中感应产生磁场，由此产生电磁牵引力驱动列车前进，列车的运行速度和运行工况由司机直接控制。短定子直线电机原理如图 1-2 所示。

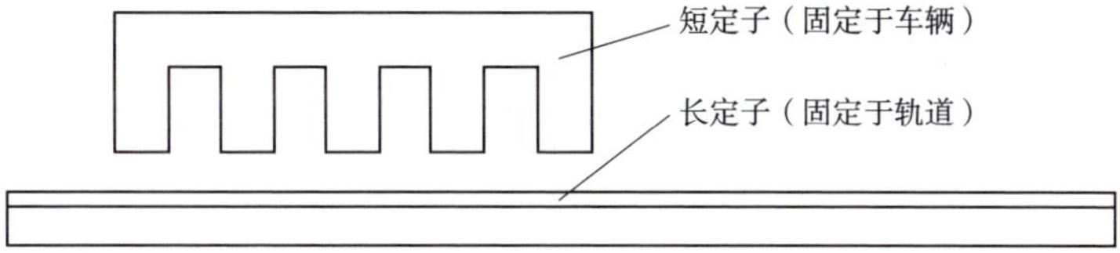

图 1-2　短定子直线电机原理

(2)长定子

长定子直线电机的定子设置在线路轨道上，其定子绕组可以在轨道上无限长地铺设，故称“长定子”，适合于高速运行。长定子磁浮一般采用导轨驱动技术，列车的运行速度和运行工况由地面控制中心直接控制。采用长定子传动时，轨道上安装行波磁场绕组，并将由稳定变频器供电、三项绕组产生的分段式移动行波磁场作用于转子，从而产生电磁牵引力驱动列车前进，调节定子供电频率与电压，即可改变磁浮列车的运行速度。

1.1.3　磁浮交通特点

磁浮铁路是依靠电能产生磁力，使车体悬浮并驱动列车前进的铁路系统，由传统轮轨铁路的机械接触式改变为悬浮驱动非接触式，是高新技术在交通运输中的具体应用，是当代经济、社会、科技、交通发展达到一定程度之后的必然要求和产物，是

“交通革命”史上的一个重要标志。研究表明，磁浮交通具有以下特点：

（1）安全可靠，舒适度高。磁浮列车从结构上抱住轨道梁，保证列车不会发生脱轨；其次，由于磁浮驱动部分是安装在线路上的，线路分段供电，在同一供电线段上只能由一列列车行驶，线路不会发生任何交叉，列车相撞的可能性极小；磁浮列车没有轮轨接触以及与受电弓的机械接触，振动小，舒适度好，行进中属于无磨损状态。

（2）绿色环保，环境友好。磁浮列车与轨道之间有一定的间隙，采用非接触驱动，有效避免了轮轨接触引起的机械噪声及轮轨滚动摩擦噪声。按德国标准，在距离线路 25 m 处，磁浮列车以 300 km/h 速度通过时，噪声为 79 dB；而同样速度的高速轮轨 ICE3 为 91 dB。磁浮列车采用直线电机驱动，制动时在线路上方 1 m 处产生的磁场约 3.5 μT，远低于世界卫生组织公布的暴露标准限值（100 μT），且运营中不会产生废弃物及碳排放。

（3）速度高，能耗低。运行速度是高速磁浮交通系统技术水平的最主要标志。一般来说，在陆地表面，磁浮铁路运行速度可达 600 km/h 以上，可以大大缩短全程旅行时间。高速磁浮列车对出行距离在 1 000 km 左右的人口密集大城市或城市群之间可实现当日往返，满足人们对出行时间效率的需求。此外，在 500 km/h 的速度下，磁浮列车每座位每千米的能耗仅为飞机的 1/3～1/2，比汽车低 30%，400 km/h 时的能耗与轮轨高速列车 300 km/h 相当。

（4）爬坡强、制动快，线路选择灵活。磁浮列车爬坡能力可达 10%，而轮轨高速铁路仅为 2%。在同等速度下，磁浮列车转弯半径小，因而对地形及周围环境的适应性更强，能够更好地缩短线路、少占地面、节约耕地，降低总投资。尤其在自然景区和地形起伏比较大的城市，作为景区交通骨干，其造价略高于轻轨，远低于地铁。

中低速磁浮交通与其他轨道交通综合比较见表 1-5。

表 1-5 中低速磁浮交通与其他轨道交通比较

系统	单向运能/(万人次/小时)	优 点	技术缺点	最适用区域
中低速磁浮	1.5～3	无振动噪声、爬坡能力强、转弯半径小、无污染、综合造价低且节能	承载受悬浮能力限制、牵引效率较低	中等城市、大型城市市区与机场、卫星城、开发区连接，山地城市或旅游区
地铁	2.5～7	运量大，耗能低，技术成熟	振动噪声大，造价高	大、中城市中心区域
轻轨	1.5～3	能耗低，技术成熟	振动噪声大	中、小城市
单轨	1.5～3	低噪声、爬坡能力强、转弯半径小	粉尘污染略高、胶轮易老化	中小城市、大城市开发区、山地城市
有轨电车	0.5～1.2	介于轨道交通与公交之间，布线灵活，造价低	噪声较大，运能与路权形式关系较大	中、小城市，专用线路
市域快轨	0.5～2.3	能耗低，技术成熟	振动噪声大	城市长距离郊区

1.2 磁浮交通发展与应用

1.2.1 磁浮技术的发展历程

磁浮列车归根结底源于“电磁感应”的发现。1750年，一位名叫约翰·米歇尔的科学家发现两块不同的磁铁产生同极相斥异极相吸的现象。80年后英国物理学家法拉第首次发现了电磁感应的现象，并对此做了详细的解释。电磁感应的发现为磁浮列车的实现奠定了技术基础。

磁浮列车的概念最早由美国火箭先驱——罗伯特·戈达德提出。1904年，时为学生的罗伯特·戈达德发表了一篇论文，他提出通过电磁斥力让列车悬浮在路基上，在真空管道中高速运行，限于当时的理论水平与技术条件，这个想法还只是一个存在于想象的科幻概念。1912年，多年致力于电磁悬浮研究的法国工程师埃米尔·巴切莱特申请获得了一项磁浮轨道车的专利，专利核心内容是在路基上间隔布置螺线管和交流电磁铁，使列车获得悬浮力和推动力。埃米尔·巴切莱特根据这个想法制造了一辆模型车，但由于悬浮系统的耗电量太大，经济效益太低，他的实验并没有得到推广。

将磁浮技术真正应用于交通领域的功臣，是德国的工程师赫尔曼·肯佩尔。自1912年开始，赫尔曼开始研究磁浮列车，经过长达10年的研究，提出一种基于电磁原理，结合飞机、火车的优势，采用直线电机技术的新型车辆的专利，并获得柏林专利局的批准。自此，以德国和日本为代表的很多国家开始不断探索磁悬浮技术在轨道交通领域的应用。

经过多年的努力和发展，目前存在日本 MLX 超导 EDS(电动悬浮)型高速磁浮系统、德国 TR 系列常导 EMS(电磁悬浮)型高速磁浮系统以及日本 HSST 系列常导 EMS(电磁悬浮)型中低速磁浮系统为代表的成熟可靠的磁浮列车技术。

1.2.2 国外磁浮技术发展概况

二战结束后，各国因环境和能源问题迫切要求开发新的高速交通系统，但由于这段时期的技术以及工艺条件都比较低级，很大程度上限制了磁浮技术的发展。

(1)德国 TR 系列磁浮

德国是世界上最早开始研究磁浮列车的国家之一。1969 年，德国大学和工业界的研究部门成立了磁浮技术研究小组，设计制造了第一台电磁悬浮的模型车 TR-01(Transrapid-01)。1971 年 5 月 6 日，世界第一辆磁浮列车 MBB 示范车在德国问世，采用车两侧的异步短定子直线电机驱动，并在一段约 660 m 的试验线路上试验运行。1977 年，德国专家组经过系统分析认为，超导磁浮铁路所需的技术水平太高，短期内难以取得较大进展，遂决定集中力量发展长定子直线同步电机驱动的常导交通系统。1979 年汉堡国际交通博览会上展出了一段 900 m 长的 TR 磁浮铁路示范线，正是现代 TR 系列磁浮列车的雏形。汉堡市民对以 75 km/h 速度运行的磁浮列车产生了极大的兴趣。这次磁浮列车的成功展出，促进了磁浮高速铁路的发展进程，更是促成了德国建造大型试验设施的决定。1988 年，德国制造的 TR-06 型列车试验速度达到 412.6 km/h，之后德国公司连续设计开发了 TR-07 和 TR-08 型列车，并相继出现在 Emsland 的磁浮试验线上，其中 TR-08 型列车设计速度达到

500 km/h,计划用于柏林—汉堡线。

柏林—汉堡线是1997年提出修建的柏林至汉堡长292 km的双线磁浮铁路,并于1999年研制出拟用于该线的三编组TR-08高速磁浮列车。2000年由于其他非技术原因取消建设计划。2000年,中国决定引入德国高速磁浮技术,在上海浦东建设连接龙阳路地铁站与浦东国际机场的高速磁浮示范线,该示范线从2001年3月开工建设,到2003年1月正式商业运营,其运营车辆原型车即为TR-08型磁浮列车,如图1-3所示。

(a) TR-08型磁浮列车

(b) 上海高速磁浮列车

图1-3 高速磁浮列车

(2)日本高速磁浮和中低速磁浮

日本的高速磁浮列车研究方向与德国有所不同,德国选择的是磁力相吸引的常导磁浮列车,而日本选择发展需要液氮冷却、磁力相排斥的电动磁浮列车。美国的詹姆斯·鲍威尔和戈登·丹比曾在ASME会刊发表有关如何运用超导磁铁的磁场使列车悬浮和有关利用线性同步电机驱动的文章,被日本国铁公司看中并投资研究。1969年,日本正式开始研究磁浮列车技术,重点攻关超导高速磁浮列车。1972年电动磁浮原理车ML100在480 m长的试验线路上速度达到了 60 km/h。1975 年宫崎试验线开工，导轨呈倒 T 形，1977 年建成，并在 1979 年 ML500 型试验车速度达到 517 km/h。1997 年用 3 节车编组的新型 MLX01 超导磁浮列车速度达到 550 km/h，载客运行速度达到 531 km/h。1999 年 12 月，创造了 1 003 km/h 的错车世界最高纪录，两车时速分别为 546 km 和 457 km。2003 年创造了 581 km/h 的最高速度。2013 年修建的东京至名古屋磁浮中央新干线，全长 286 km，如图 1-4 所示。

图 1-4　日本高速磁浮中央新干线

日本低速磁浮的发展始于 1972 年。1975 年试制成 HSST-01 型不载人样车，走行试验初步成功。1977 年进行原理性的驱动试验，速度达到 307.8 km/h。1978 年，日本航空公司针对 HSST-01 型试验车的问题进行改造，去掉了喷射驱动方式，并增加了二系悬挂系统，研制出 HSST-02 型试验车，载人运行最高速度为 110 km/h。1985 年 HSST-03 型试验车在筑波国际博览会上展出的 300 m 线路上，以 30 km/h 运行载人 600 000 人次。1987 年，日本研制了设计速度达 200 km/h 的 HSST-04 型试验车，该试验车最大特点和改进是悬浮架从外侧包住轨道，即为目前悬浮架的原型设计。1991 年，日本研制了新的适用于城市轨道交通的中低速磁浮列车 HSST-100S 型。1991—1995 年，对 HSST-100S 型磁浮车进行了 100 多项面向应用要求的试验，其最高运行速度可达 130 km/h。1995 年，日本又研制了基于 HSST-100S 型的面向工程应用的加长型样车 HSST-100L 型。2005 年 HSST-100L 型磁浮车在名古屋市郊 8.9 km 的东部丘陵线（Linimo 线）低速磁浮线上投入商业运营，如图 1-5 所示。

（a）HSST-100L 型试验车

（b）东部丘陵线上的HSST-100L 型磁浮车

图 1-5　日本磁浮列车

（3）韩国磁浮发展概况

韩国从 1988 年开始低速常导电磁悬浮的研究，最终有两款磁浮列车问世，并在大田博览会上展出。这两款样车分别是现代集团基于德国常导电磁悬浮技术研发的 HML 系列，与日本的 HSST 磁浮技术原理相同，先后推出 HML01、HML02、HML03 三台样车。另一款样车是大宇集团研发的 DMV 磁浮列车。2016 年，仁川机场至仁川龙游站 6.1 km 区间建设的磁浮列车示范运营线投入运营，列车运行时速为 100 km，这是在日本的名古屋市郊磁浮线路开通后，世界第二条无人驾驶的商业运营磁浮线路，韩国仁川磁浮列车如图 1-6 所示。

图 1-6　韩国仁川磁浮列车

(4)美国磁浮发展概况

美国早期侧重于磁浮列车技术的基础理论和试验研究，较为典型的 American Maglev Technology(简称 AMT)公司曾制造出类似于日本 HSST 采用 EMS 电磁悬浮和直线感应电机 LIM 推进的试验车，并在 2000 年计划在欧道明大学建设校园载客系统，不过后期由于资金缺乏而成为学校研究项目的一部分。近几年美国特斯拉公司 CEO 埃隆·马斯克提出的 Hyperloop 真空管道磁浮则引起了全世界的广泛关注，该设想让磁浮列车运行在近乎真空的管道内，保证列车运行时不再受困于摩擦阻力以及空气阻力，从而可以达到超过音速的运行速度，目前该技术方案还在内华达州一处试验基地进行试验。

(5)其他国家磁浮发展概况

英国于 20 世纪 60 年代末,在 BR 支持下研究磁浮铁路,主要解决市内短程交通问题,由 Derby 铁路研究所负责。1974 年,在 100 m 试验线首次进行了低速短定子直线电机磁浮列车试验。1984 年,建成 620 m 连接伯明翰机场和火车站的低速磁浮系统,最高速度 50 km/h,运行 1.5 min,2600 人次/h,是世界上首条商业运营的公共运输低速磁浮系统,如图 1-7 所示。但在 1996 年由于磁浮车故障率太高,维护频繁,磁浮系统停运。

图 1-7 英国伯明翰机场磁浮轨道车

法国于 20 世纪 70 年代,曾与德国合作,研究开发磁浮系统方案。1983 年对直线感应异步电机进行 300 km/h 的高速试验。但与轮轨系统进行试验对比分析后,认为轮轨系统更有竞争力,终止了研究,集中研究 TGV 高速列车。

加拿大在 20 世纪 70 年代末开展了实验室理论和试验研究,但后来没有研究样车。

苏联从 1976 年开始从事电磁悬浮和永磁悬浮的理论和实验研究,并于 20 世纪 80 年代在莫斯科附近建成 600 m 的磁浮试验线,磁浮样车重 18 t,短定子直线电机驱动,速度 60 km/h。

1.2.3 国内磁浮技术发展概况

(1)中低速磁浮

我国中低速磁浮交通技术的研究相较于其他国家起步较晚,早期主要由西南交通大学、国防科技大学、中国铁道科学研究院等高校和单位开展基础研究。1989 年,国防科技大学成功研制出我国第一台小型磁浮原理样车。1994 年,西南交通大学成功地进行了 4 个座位,自重 4 t,悬浮高度 8 mm,时速 10 km 的磁浮列车试验。1995 年,国防科技大学成功研制单转向架磁浮列车系统,可承载 40 多人。

2001 年,西南交通大学与长春客车厂共同研制出我国首辆中低速磁浮车 CFC-01,并在青城山磁浮试验线上进行了实验运行,这是我国自行研制、设计和施工的第一条磁浮试验线路。试验线全长 420 m,磁浮车体长 11.2 m,宽 2.6 m,高 3.3 m,载重 2 t,最高运行时速 100 km,该试验线为以后的中低速磁浮车工程化研究打下基础。

2002 年 4 月,国防科技大学在校园内建成中低速磁浮试验线,该试验线全长 204 m,磁浮列车车厢长度 15 m,可载客 130 多人,设计时速 150 km。2005 年,CMS-03 磁浮车的改进型 CMS-03A 磁浮车在唐山客车厂组装完毕。

2005 年 4 月,由上海磁浮交通发展有限公司携同上海电气集团提出低速磁浮交通系统集成技术的研究开发项目。历时近四年的研发，在上海临港新城地区建成1.7 km中低速磁浮试验线，完成了线路轨道与道岔建设、车辆集成设计与制造、信号系统的集成等关键技术研究与实施。

2008年5月，唐山中低速磁浮试验线建成后投入试验运行，全线长1.547 km，CMS-03A磁浮车在线路上进行运行试验。

2008年12月，上海中低速磁浮线上，列车的最高运行速度达到101 km/h，创造了国内中低速磁浮列车运行速度的最高纪录。上海临港磁浮线是我国首条面向实用化应用研究的中低速磁浮交通工程试验线。

2011年，南车株洲电力机车有限公司联合西南交通大学、中铁二院工程集团有限责任公司、中国南车株洲所、中国南车电机等单位共同建设株洲中低速磁浮交通试验线，该试验线是国内最接近商业应用的工程试验线。试验线正线长1.573 km，库线长度0.118 km，目前最高试验速度达94 km/h。

2011年2月，北京市中低速磁浮交通示范线（S1线）工程开工建设。北京S1线全线起点为门头沟区的石厂站，终点为海淀区慈寿寺站，全长约19.9 km，设计速度100 km/h。其中S1线第一期西段工程石厂站至苹果园站已于2017年12月30日开通试运营。

2014年5月，长沙磁浮快线开工建设，该线连接长沙黄花机场和长沙高铁站，全长18.5 km，运行速度80 km/h，最高时速100 km。2016年5月，长沙中低速磁浮线正式投入商业运营。中国作为世界上第三个掌握中低速磁浮应用技术的国家，长沙磁浮快线的建成不仅成为国内首条具有完全自主知识产权的中低速磁浮商业运营示范线，也是目前世界上最长的中低速磁浮商用线路。2021年

7 月，长沙磁浮快线计划启动提速运营，磁浮列车速度由 100 km/h 提升到 140 km/h。这是中国磁浮技术投入商业运营后，在技术领域取得的又一突破性成果，长沙磁浮快线将成为世界上首条按时速 140 km 投入商业运营的中低速磁浮线路。

2017 年 12 月，清远磁浮旅游线路项目开工建设，一期工程正线全长 8.014 km，设车站 4 座，是国内第一条以旅游为主要功能的中低速磁浮线。2019 年 8 月，凤凰磁浮文化旅游项目开工建设，是国内首个“磁浮＋文化＋旅游”项目，全长 11.2 km，一期线路 9.12 km，设计时速 100 km。我国中低速磁浮列车如图 1-8 所示。

(a) 长沙磁浮快线列车　　(b) 北京S1线列车

图 1-8　中国中低速磁浮列车

(2)高速磁浮

我国具有完全自主知识产权的高速磁悬浮技术目前正在研发中，中国中车股份有限公司(以下简称中国中车)、中国铁路设计集团有限公司(以下简称中国铁设)、中国铁道科学研究院集团有限公司(以下简称铁科院)等单位均积极开展了相关技术研究，中国中车、同济大学、中国铁设开展了相关试验线建设。

2001 年 3 月，上海与德国公司合作修建上海高速磁浮线，上海高速磁浮线采用德国 Transrapid08 磁浮系统，其特点是采用常导电磁吸力悬浮方式，直线电机驱动，设计最高时速和试验运行最高时速分别是 430 km 和 505 km，2003 年正式开通运营，上海高速磁浮列车如图 1-9(a)所示。

2006 年 4 月，同济大学嘉定校区的“三个一”高速磁浮试验线建成并投入使用。该试验线是我国首次自主设计、研制和集成的高速磁浮交通试验线系统，也是国内唯一的高速磁浮交通系统综合性研发试验平台，可为高速磁浮交通技术的研发、系统集成、软件调试、部件性能考核与改进提供基本试验条件。实现一列车、五个分区、双端供电的试验环境，列车最高试验时速可达到 100 km。

2017 年，国家“十三五”重点研发计划“现代轨道交通专项”启动时速 600 km 高速磁浮交通研发项目。

2020 年，中国中车承担研制的时速 600 km 高速磁浮试验样车[图 1-9 (b)]在同济大学磁浮试验线上成功试跑，标志我国高速磁浮研发取得重要突破。

（a）上海高速磁浮列车

（b）时速600 km高速磁浮试验样车

图 1-9　我国高速磁浮列车

1.3 本书主要内容

本书主要介绍中低速磁浮交通技术,其内容为:

(1)结合国内外研究成果介绍中低速磁浮系统的特点和轨道结构的组成。

(2)根据现有成果和规范介绍中低速磁浮车辆、线路、轨道、桥梁、隧道、牵引供电和运行控制的技术指标和参数。

(3)中低速磁浮轨排加工要求。

(4)结合凤凰文化旅游项目介绍中低速磁浮轨道施工工艺。

(5)阐述中低速磁浮车辆、轨道、道岔的质量验收要求。

(6)结合长沙磁浮快线介绍中低速磁浮维保工作内容与要求。

(7)简要介绍一些磁浮交通未来发展趋势和展望。

本书可为了解中低速磁浮系统、结构等相关知识提供借鉴,也为学习中低速磁浮施工技术、验收标准及维修保养要求提供指导。

2 中低速磁浮系统及轨道结构

2.1 中低速磁浮系统

中低速磁浮车辆与传统轮轨车辆最大的不同之处在于取消了轮轨系统，利用电磁吸力实现车辆的悬浮和导向，并利用直线电机进行牵引，因此，中低速磁浮车辆在悬浮系统、导向系统、牵引系统、走行机构、轨道梁等方面有独特的技术特征。

中低速磁浮车辆悬浮架结构示意如图 2-1 所示。悬浮架下托臂处安装悬浮电磁铁，且悬浮电磁铁两侧极板与 F 轨两腿相对，通电时产生悬浮力，若存在横向偏移则产生横向分力用于导向。上托臂处安装牵引直线电机，通电时与 F 轨上表面铝板相互作用产生纵向力，实现牵引或制动。在电磁铁极板中部安装了制动夹钳，通过与 F 轨外腿之间的摩擦实现机械制动。

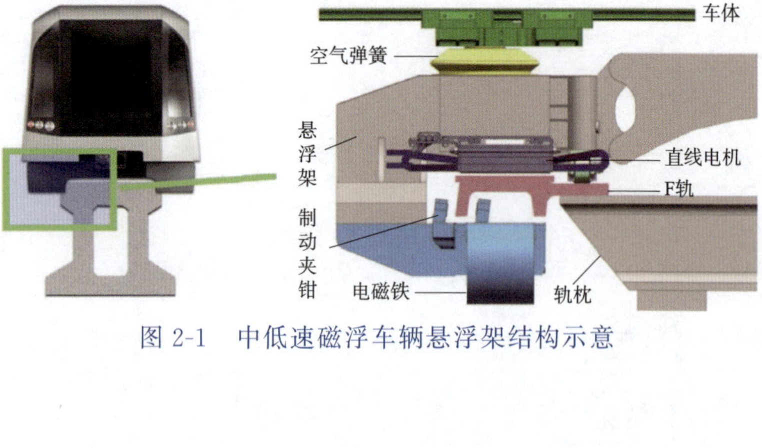

图 2-1　中低速磁浮车辆悬浮架结构示意

2.1.1 悬浮系统

车辆通过固结于悬浮架上的电磁铁与F轨相互吸引实现悬浮功能。电磁力理论简化模型如图2-2所示，在悬浮控制器的作用下，可使得磁浮车辆在轨道激励以及外部激扰的作用下稳定悬浮，保持车辆在合理悬浮气隙范围内波动。由于激扰的存在，且悬浮系统本身是不稳定的，所以必须在加速度传感器、气隙传感器的反馈信号下不断调整相关参数，保证车辆的运行品质。在忽略相关漏磁、磁阻以及磁饱和的假设下，由图2-2单铁悬浮物理模型推导出力学方程及电学方程为(单位均采用国际单位制)

$$m\ddot{c} = mg - F_m + F_p \tag{2-1}$$

$$u = R_0 I + \frac{\mu_0 N^2 S}{2c}\dot{I} - \frac{\mu_0 N^2 SI}{2c^2}\dot{c} \tag{2-2}$$

$$F_m = \frac{\mu_0 N^2 S}{4}\left(\frac{I}{c}\right)^2 \tag{2-3}$$

式中 m——悬浮质量(kg)；

g——重力加速度(m/s^2)；

F_m——电磁力(kN)；

c——悬浮气隙(m)；

F_p——外部激扰力(N)；

u——电磁铁电压(V)；

I——线圈电流(A)；

R_0——线圈电阻(Ω)；

N——线圈匝数；

S——电磁铁极板与F轨正对面积(m^2)；

μ_0——真空磁导率。

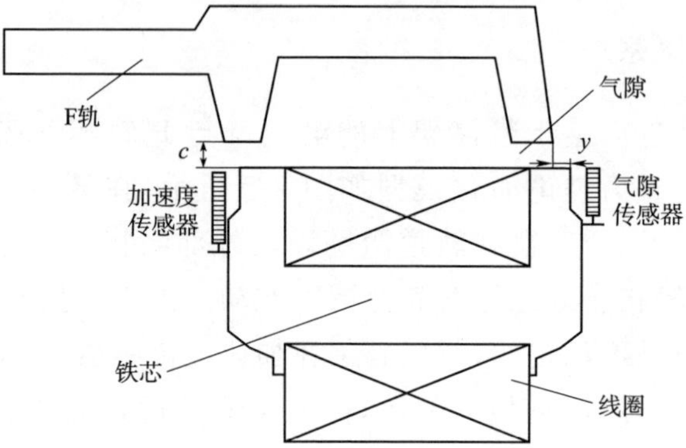

y—横移量（m）。

图 2-2 电磁力理论简化模型

根据以上公式,可以知道悬浮电磁铁相关参数处于动态变化中。由于电磁悬浮力与悬浮间隙的平方成反比关系,开环电磁悬浮系统是不稳定的,为保持悬浮稳定必须引入反馈控制。中低速磁浮车辆的悬浮系统通过反馈悬浮传感器信号,由悬浮控制器实时调节电磁铁线圈电流使悬浮间隙保持在动态稳定范围内(通常在 8～12 mm)。悬浮传感器内部集成了气隙传感器和加速度传感器,气隙传感器监测电磁铁与 F 轨间的相对间隙,加速度传感器测量悬浮电磁铁的绝对振动加速度。悬浮传感器监测并反馈实时信号至悬浮控制器,经控制算法处理来调整悬浮电磁铁的励磁电流,以达到稳定的悬浮控制。

悬浮控制器由控制单元与功率单元组成。控制单元的功能是实现悬浮传感器信号的接收与滤波、悬浮控制算法、功率单元控制信号的产生。功率单元直接为电磁铁提供电能,其本质为一种斩波器。控制单元传递的驱动信号一般为包含占空比信息的 PWM (pulse width modulation)信号,功率单元进行受控变流输出以驱动电磁铁产生悬浮磁场并实时进行调节,从而最终达到维持磁浮车辆稳定悬浮的目的。悬浮控制系统的信号流如图 2-3 所示。

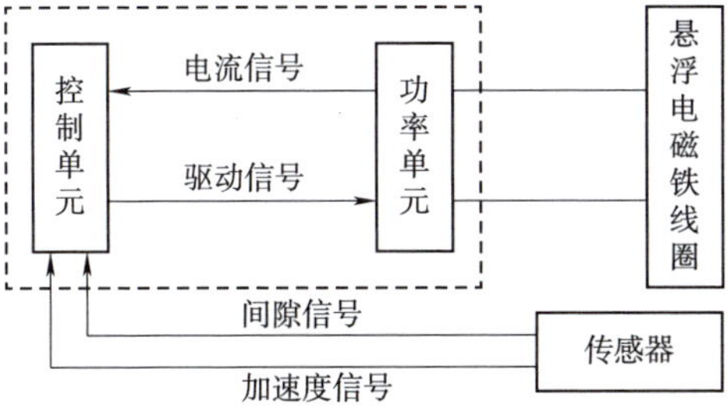

图 2-3 悬浮控制系统的信号流

2.1.2 导向系统

EMS 型中低速磁浮采用被动导向,电磁铁导向原理如图 2-4 所示,磁浮车辆曲线通过或存在悬浮模块横移扰动时,悬浮电磁铁极板与 F 轨磁级不再是正对状态,而是出现一定的横向错位。此时磁感线不再是垂直进入 F 轨和悬浮电磁铁磁极,电磁力由此出现横向分量,产生横向力,实现自动对中和导向的功能。

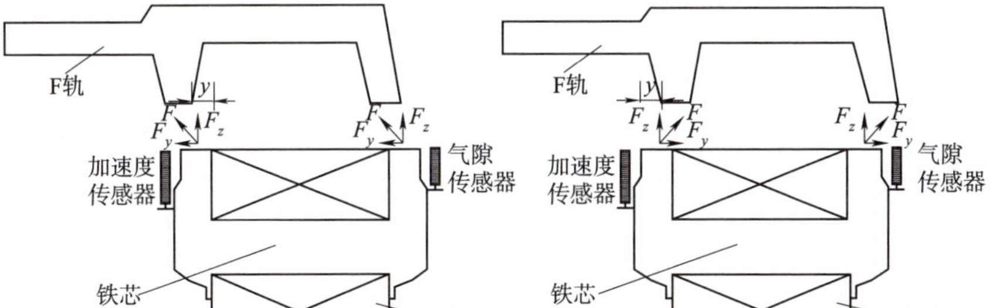

图 2-4 电磁铁导向原理

在忽略磁阻、漏磁、磁饱和,并简化电磁力模型后,得到存在横

向错位时的导向力和垂向力公式为

$$F_y = F_m \frac{2\Delta c}{\pi W_m} \arctan \frac{y}{c} \tag{2-4}$$

$$F_z = F_m \left(1 + \frac{2c}{\pi W_m} + \frac{2y}{\pi W_m} \arctan \frac{c}{y}\right) \tag{2-5}$$

式中 F_y——导向力(kN)；

F_z——悬浮力(kN)；

W_m——磁极宽度(m)；

c——悬浮气隙(m)；

Δc——气隙变化量(m)；

y——横移量(m)。

当电磁铁和轨道出现横向错位时，悬浮模块将会在横向力的作用下自行对中进行导向，从而逐渐恢复到平衡位置。同时，在出现横移后，必然导致悬浮力的减小，气隙也会随之减小，在传感器的反馈信号下，悬浮控制器将增大电流，保证悬浮气隙在额定值附近合理范围内，直到悬浮模块恢复到原来位置。

2.1.3 驱动系统

中低速磁浮列车采用短定子直线感应电机驱动，短定子直线电机如图 2-5 所示，直线牵引电机三维图如图 2-6 所示。由三相绕组和铁芯叠片组成的电机初级固定在悬浮架上，由铝板和铁轭构成的电机次级铺设在轨道表面。当初级的三相绕组通交流电时，将因为电磁感应在气隙中形成移动的磁场，根据楞次定律，次级铝板将感应出涡流，最终在移动磁场和涡流的作用下产生牵引力，实现车辆的运行，牵引力和阻力特性曲线如图 2-7 所示。

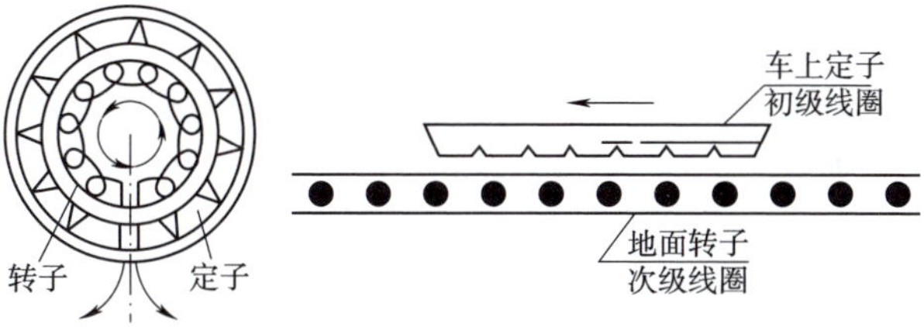

图 2-5 短定子直线电机

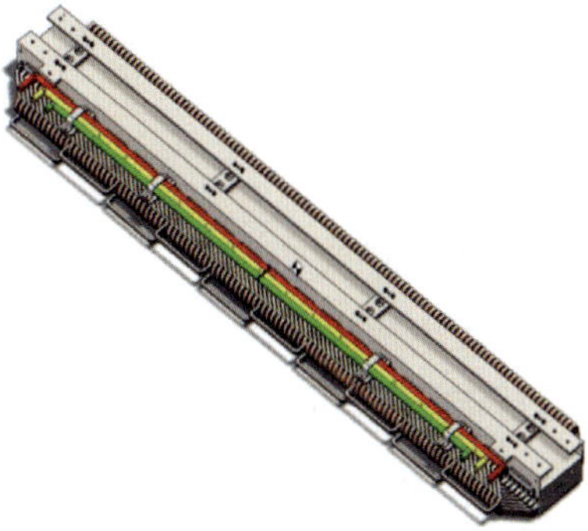

图 2-6 直线牵引电机三维图

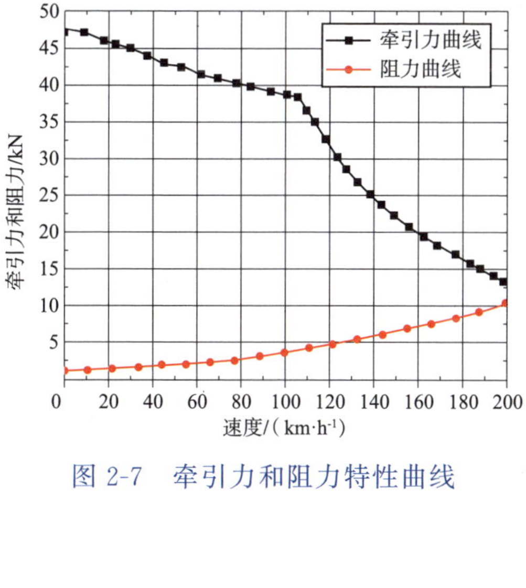

图 2-7 牵引力和阻力特性曲线

中低速磁浮列车采用单边型直线感应电机，根据感应电机原理，通过车载的初级电磁线圈与轨道次级感应板的相互作用产生电磁推力，其驱动力、制动力 F_n 可通过下式确定：

$$F_n = KS_1 v_{vs} B_m^2 \delta_2 d_2 \tag{2-6}$$

式中 S_1——直线电机定子、转子的相向面积（m^2）；

B_m——定子、转子空隙处最大磁束密度（mG）；

v_{vs}——移动速度（km/h）；

d_2——感应板导体厚度（m）；

δ_2——导电率；

K——与电机形状、感应板表面效果有关的修正系数。

直线感应电机磁场分布复杂，由于其特有的大气隙和边端效应的特性，列车运行时电机气隙的动态变化、沿线轨道感应板的不一致性、感应板的不连续性以及列车速度的不同都会造成电机前后端动态边端效应的变化和电机定子、转子间耦合力的变化。

2.1.4 制动系统

制动系统是保证磁浮车辆安全运行的关键性部分，直接关系到车上乘客的人身安全。中低速磁浮车辆制动功能主要分为常用制动、快速制动、紧急制动和保持制动四类，制动方式包括电制动（通常采用电阻制动和再生制动）、气转液制动和液压制动等。

目前常用的制动方式主要分为气转液制动和液压制动。国内普遍采用的微机控制直通电空气转液制动系统，主要结构包括电子制动控制单元、气动制动控制单元、气液转换装置、制动隔离阀、指令发生单元及传输装置、液压元件等。其中，电子制动控制单元

(electronic brake control unit，EBCU)是制动系统最核心的部件，可根据制动指令及载荷信息实现整车制动力分配。常用制动时，通常采用的是气转液制动和再生制动的配合，由指令发生单元通过传输装置向 EBCU 发送制动指令，EBCU 接收到制动指令后，根据指令及载荷等信息分析制动方式及所需制动力大小，控制气动制动控制单元输出制动空气压力，压力经制动隔离阀到达气液转换装置后，实现气液转换并进行增压作用，进而控制制动钳与轨道间摩擦力，完成车辆的制动。紧急制动时，则由气动制动控制单元直接响应，输出紧急制动力。快速制动通常采用气转液制动与再生制动的复合制动。而保持制动则是在速度减小到一定值后，再生制动力逐步减小，主要采用气转液制动的方式产生制动力。这种气转液制动系统结构复杂、质量较大，同时占用的车底空间较多，因此，有待进一步的改进。

2.2　轨道结构

目前比较有代表性的中低速磁浮轨道结构形式主要有三种类型：钢枕式轨道结构、无轨枕直连式轨道结构和整体式道床轨道结构，如图 2-8 所示。日本的东部丘陵磁浮线、韩国的仁川机场磁浮线，国内相关磁浮试验线(唐山线、株洲线)、长沙磁浮快线和北京 S1 线等均采用了钢枕式的中低速磁浮轨道结构。目前，我国已完全掌握钢枕式轨道结构的关键技术，主要包括中低速磁浮轨道结构(包含轨排、扣件系统、承轨台、技术接口等)、磁浮轨排伸缩接头、磁浮轨排布置、F 型钢的轧制及加工、轨排组装工艺及检测手段、磁浮轨道现场铺设施工工法等，从设计、制造到施工拥有全套的技术储备。

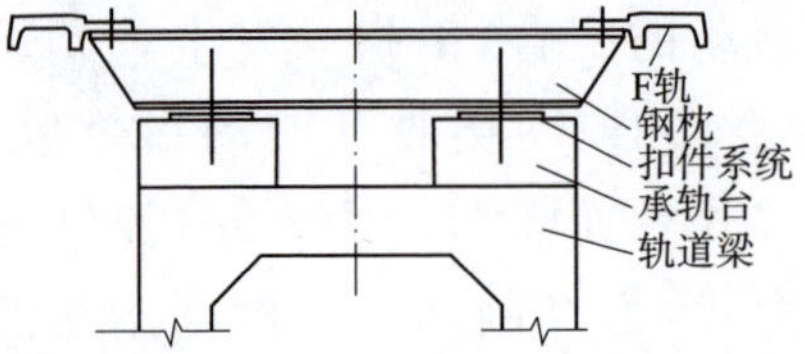

(a) 钢枕式轨道结构

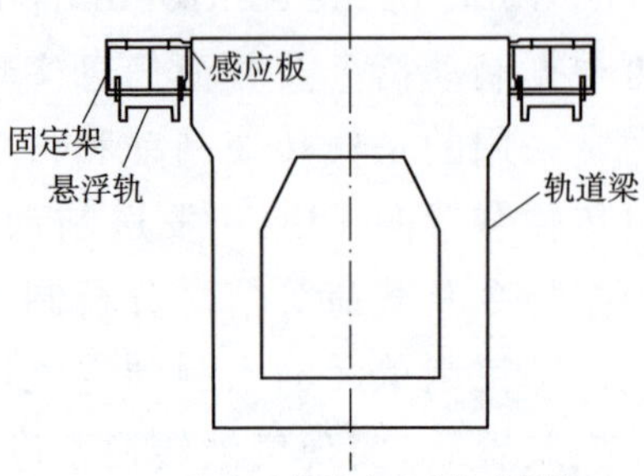

(b) 无轨枕直连式轨道结构

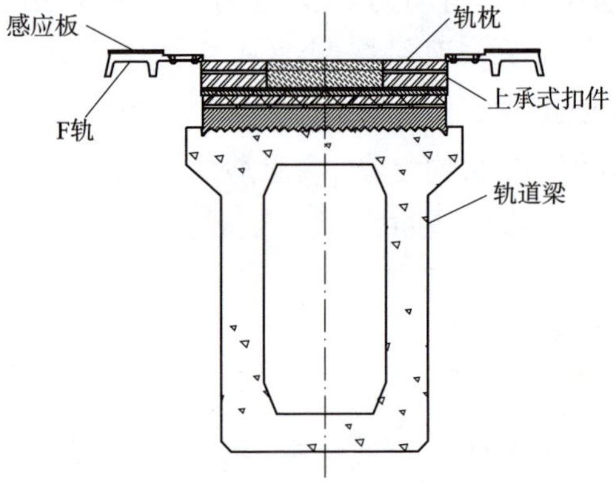

(c) 整体式道床轨道结构

图 2-8 中低速磁浮轨道结构断面

此外,近年来我国也提出了无轨枕直连式和整体式道床等中低速磁浮轨道结构。无轨枕直连式轨道结构直接将轨道功能部件安装在轨道梁的顶部两侧,轨道功能部件主要包括感应板、固定架和悬浮轨等,功能部件以预埋或螺栓联结方式直接固定在轨道梁上;整体式道床板结构主要包括整体式道床板、双块式钢筋混凝土轨枕、上承式扣件系统、F 轨和感应板。目前,无轨枕直连式轨道结构和整体式道床板轨道结构在国内外尚未有应用先例。

2.2.1 F轨

F轨是承受磁浮车辆悬浮力、导向力和牵引力的导磁钢轨，是轨道结构最重要的部件。F轨断面为“F”形钢结构，由内腿、外腿、腹板和翼板组成。其中与悬浮电磁铁对应的F轨内腿、外腿分别为F轨的内磁极和外磁极，磁极下部的两个端面为磁极面，F轨腹板下表面为悬浮检测面。F轨尺寸如图2-9所示。

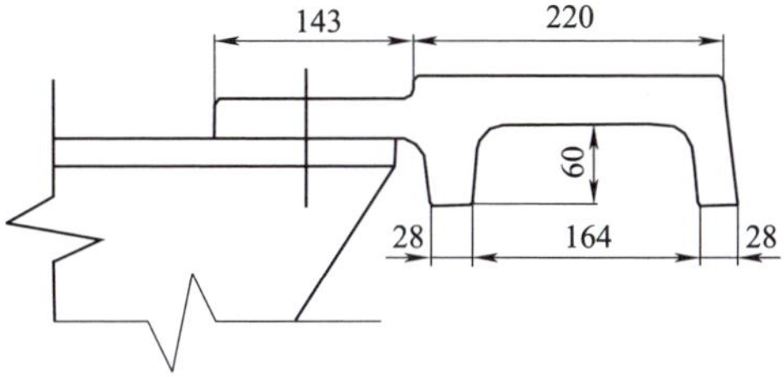

图2-9　F轨尺寸(单位:mm)

为了约束车辆悬浮状态以保证磁浮车辆安全、平稳、舒适运行，F轨尽可能提供连续、平顺、稳定的磁极面，使得F轨磁极面与电磁铁磁极面两两对应，形成较为封闭的磁路，具有均匀的悬浮间隙。因此，F轨设计就是通过选取合理的结构形式以及合适的加工制造工艺，获得可长期可靠保持高精度功能面的导磁钢轨结构。

F轨横断面设计通常与电磁铁结构设计同时进行，当电磁铁结构方案确定后，F轨与电磁铁的几何形状匹配要有利于形成封闭的磁路，减少磁通泄漏，尽量提高电磁铁的悬重比。同时，为便于磁路流通，减小温度变化时感应板与F轨两者之间的相对变形以及加工制造的方便，一般将直线感应电机次级铁芯与F轨腹板合二为一设计。目前，实际工程设计中主要采用焊接或轧制机加工成型的F轨，在曲线地段采用厂制曲线F轨，F轨单元长度根据下部基础结构及线路平纵断面条件等因素确定。

2.2.2 感应板

感应板作为车辆牵引用直线感应电机次级的组成部分,是非磁性导电材料,安装在F轨的腹板上部基面上。其结构、材质、安装及运行时的气隙大小都直接影响到整个系统的技术经济指标。

感应板设计主要考虑车辆牵引系统要求以及与F轨之间的复合形式、联结强度和平整度要求。感应板一般采用铝合金板材制造,在坡度较大等需要较大牵引力的区域根据计算可采用铜板或其他导电材料,通过侧面销钉和顶面沉头螺钉来实现与F轨的机械联结。感应板断面示意如图2-10所示。

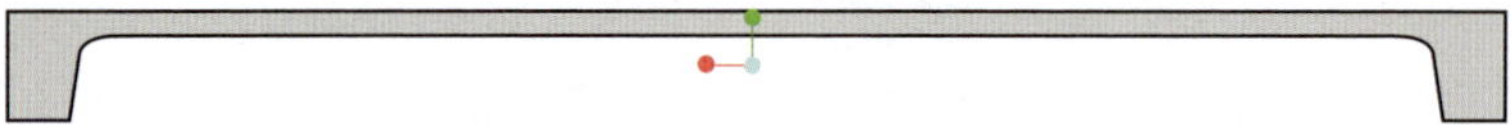

图2-10 感应板断面示意

2.2.3 钢 枕

目前钢枕主要有H型轨枕和方(矩)形轨枕两种形式。轨枕结构设计主要是检算其截面惯性矩及板厚能否满足使用要求,并优化轨枕截面尺寸。轨枕间距的设置主要受F轨悬挑变形及其联结螺栓强度的限制。

2.2.4 扣件系统

与无砟轨道相似,中低速磁浮轨道的弹性基本上取决于扣件系统,轨道精度也要靠扣件来调整和保持,科学合理的扣件设计是轨道工程设计时的关键。在 HSST 系统轨道中,扣件设置在轨枕与道床之间,轨排整体调整,扣件需要具有多维调节功能;同时,由于悬浮控制系统对于轨排双向的高频周期性振动作用等力学特点,扣件结构设计时应予特别重视。目前国内外中低速磁浮轨道扣件根据结构形式和特点可以分为两种:弹性不分开式扣件和弹性分开式扣件,均通过螺栓将轨枕固定。图 2-11 为中低速磁浮轨道扣件结构示意图。

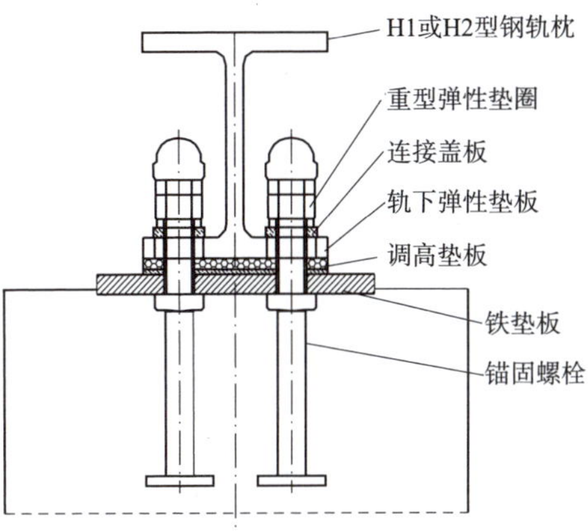

图 2-11 中低速磁浮轨道扣件结构示意

2.2.5 道床(承轨台)

道床采用支承块式承轨台结构,处于下部轨道梁与轨枕之间;承轨台可根据施工工艺的不同采用预制或梁面二次浇筑结构。

2.2.6 轨排接头

中低速磁浮轨道按有缝线路设计,轨排接头是相邻 F 轨之间的连接装置。根据接头结构和可实现伸缩量的大小主要分为单轨缝结构的Ⅰ型接头、双轨缝结构的Ⅱ型接头以及组合形式的Ⅲ型接头三种类型。

Ⅰ型伸缩接头由F型钢、连接板、相关连接件组成，适应轨缝伸缩量在20 mm以内的接头，通过F型钢翼板下连接板和外腿侧键槽结构来实现两F轨的连接。中低速磁浮轨道Ⅰ型接头如图2-12所示。

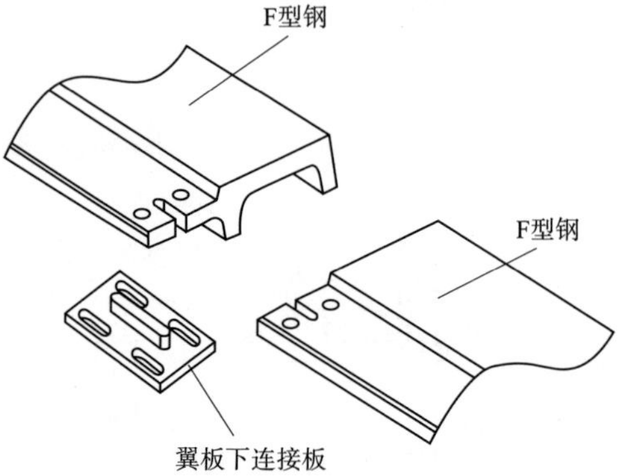

图2-12 中低速磁浮轨道Ⅰ型接头

Ⅱ型伸缩接头由主F型钢、副F型钢、连接板、压板及相关连接件组成，适应轨缝伸缩量在20～40 mm的接头。伸缩缝在主F型钢和副F型钢的翼板上采用“阶梯”型轨缝设置，并在翼板下分别设置一块连接板。连接板的一段沿线路横向设有两个螺栓圆孔，在另一端的一侧沿线路纵向设有一个槽型孔，并通过内六角螺栓进行联结。中低速磁浮轨道Ⅱ型接头如图2-13所示。

Ⅲ型伸缩接头由井字形轨枕、主F型钢、连接板及相关连接件组成，适应轨缝伸缩量大于40 mm的接头，井字形枕两侧设置4个枕间距为1 000 mm的Ⅱ型伸缩接头。

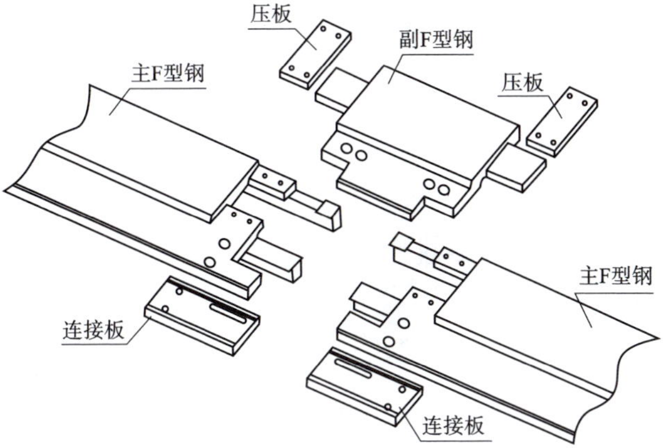

图 2-13 中低速磁浮轨道Ⅱ型接头

2.3 道 岔

2.3.1 道岔结构

中低速磁浮道岔采用关节型梁式道岔，与传统的轮轨铁路道岔具有本质区别。传统铁路道岔仅转动尖轨和心轨(可动辙叉)，其他轨道保持不动，而中低速磁浮道岔则是转辙时轨道钢梁沿水平方向整体移动；此外，传统铁路道岔的安装方法与正线轨道铺设方式基本一致，而中低速磁浮道岔则需另设基础平台及相关的配套设施。

中低速磁浮道岔包含道岔梁、驱动装置、锁闭装置、轨排、接触轨、供电及控制系统等功能性模块。中低速磁浮交通道岔结构示意图和主要零件如图 2-14 所示。

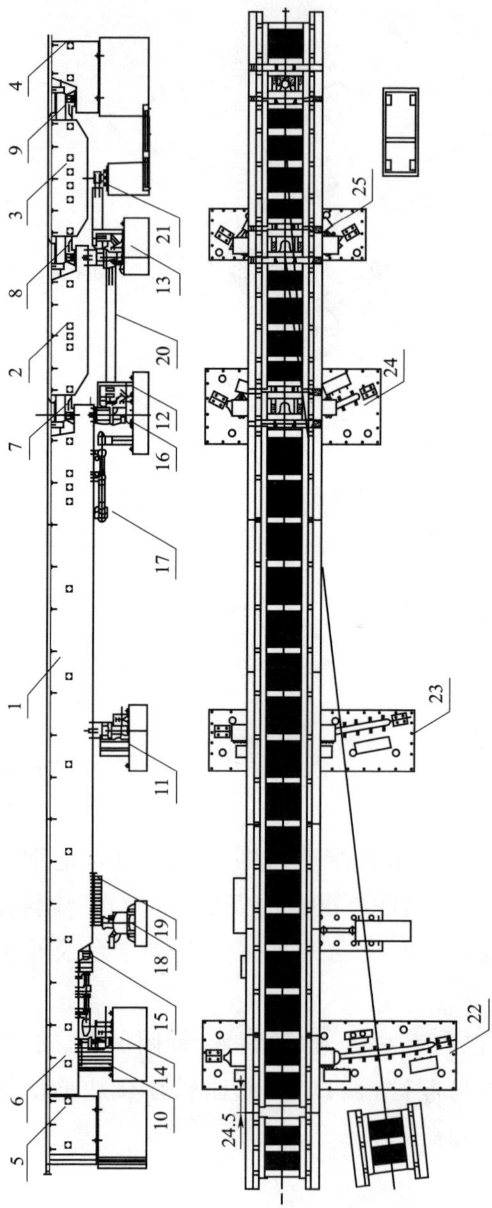

1—主动梁;2—第 1 从动梁;3—第 2 从动梁;4/5—垛梁;6—过渡装置 ;7～9—角平分装置;10～13—走行台车;14/16—走行台车;15/17—锁定装置;18—横移电机;19—曲柄滑槽;20/21—铰轴连杆;22～25—走行轨道。

图 2-14 中低速磁浮交通道岔结构示意

2.3.2 道岔的分类

中低速磁浮道岔一般可以分为单开道岔、三开道岔、对开道岔、单渡线道岔和交叉渡线道岔五大基本类别。

(1)单开道岔

目前在中低速磁浮线中采用最多的一种道岔类型是单开道岔(唐山试验线、上海临港试验线、长沙磁浮线等)。单开道岔整体结构如图 2-15 所示,单开道岔主要用于连接直线段和侧线段。

(2)三开道岔

三开道岔是连接直线段线路和两条侧线段线路的换线设备,在已有的磁浮运营线中也较为常见,其结构示意如图 2-16 所示。

(3)对开道岔

对开道岔是连接关于线路中心线左右对称的两条线路之间的换线设备,其结构示意如图 2-17 所示。

(4)单渡线道岔

单渡线道岔是实现两条相邻线路之间单向转辙的换线设备,其结构示意如图 2-18 所示。

(5)交叉渡线道岔

交叉渡线道岔是较为复杂的道岔形式,主要由单开道岔、固定轨道和旋转轨道三部分组成,其结构形式如图 2-19 所示。

2.3.3 中低速磁浮道岔系统主要结构

中低速磁浮道岔从结构组成上主要可分为五个部分,分别为驱动装置、锁定装置、角平分过渡装置、支撑台车和钢结构梁。

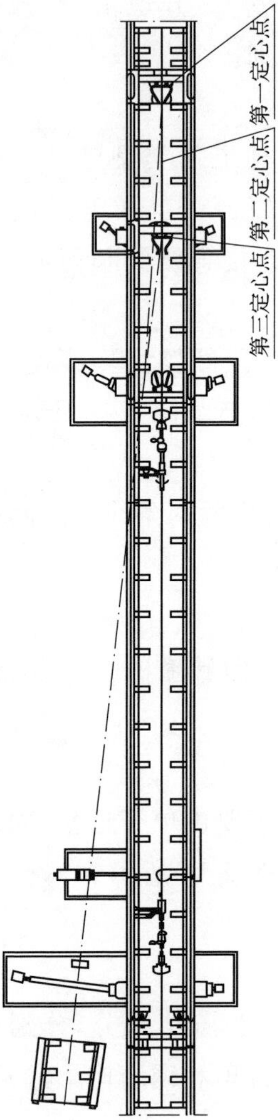

图 2-15 单开道岔结构示意

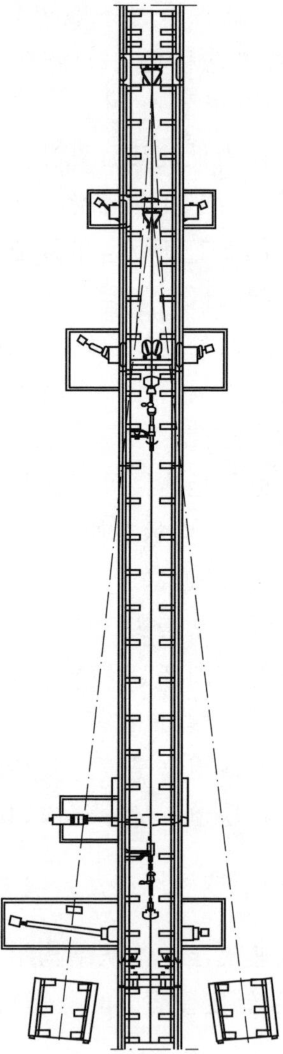

图 2-16 三开道岔结构示意

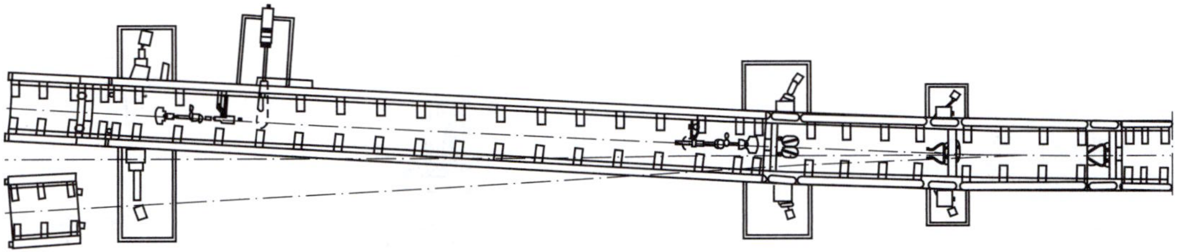

图 2-17 对开道岔结构示意

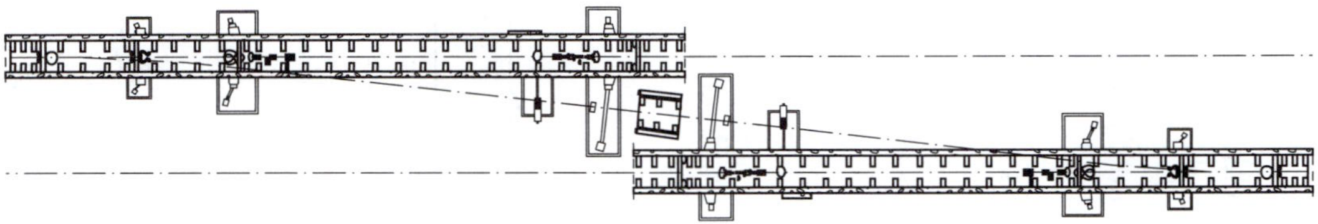

图 2-18 单渡线道岔结构示意

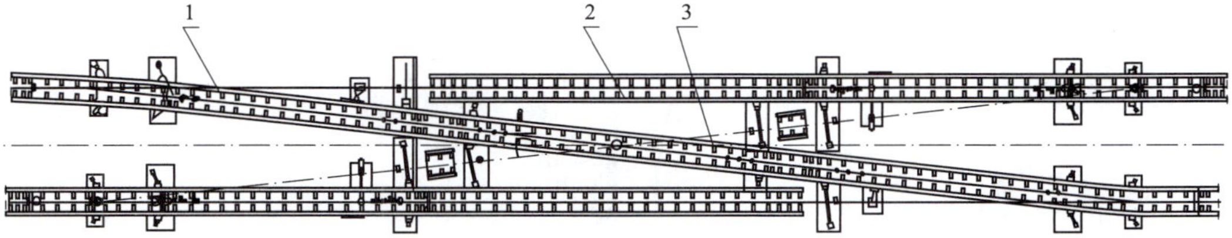

1—单开道岔；2—固定轨道；3—旋转轨道。

图 2-19 交叉渡线道岔结构示意

(1)驱动装置

中低速磁浮交通驱动装置主要由驱动电机、导槽及导槽架、传动轴、连轴器、安全保护装置和减速器等部件组成,其结构示意如图 2-20 所示,驱动装置连于道岔主动梁近垛梁端,当道岔接收到转辙信号时,驱动电机开始旋转,从而带动曲柄装置在滑槽中转动,当曲柄转动转角达到约 180°时,碰到行程开关,即断电,随即向控制系统发出道岔转动到位信号。同时在驱动电机尾部设置的方柄轴端,可在紧急情况下,采用人工移动的方式使道岔就位。

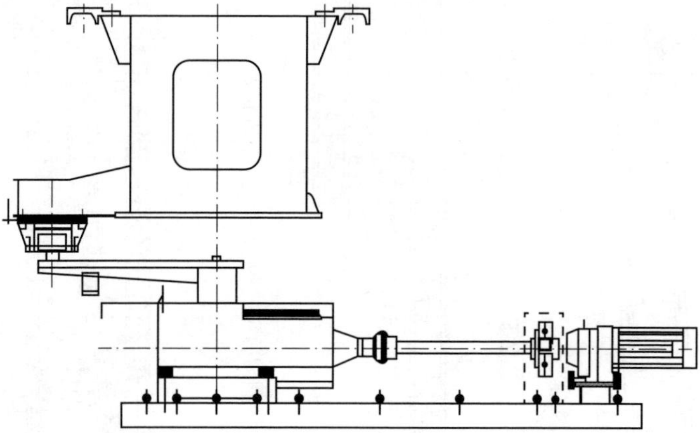

图 2-20 中低速磁浮道岔驱动装置示意

(2)锁定装置

道岔锁定装置由电动推杆、锁定槽和到位检测装置三个部件组成,其结构示意如图 2-21 所示。锁定装置主要设置在道岔主动梁两端连接处,采用横向锁定的方法使道岔结构到位准确可靠,满足磁浮列车的过岔安全性要求。

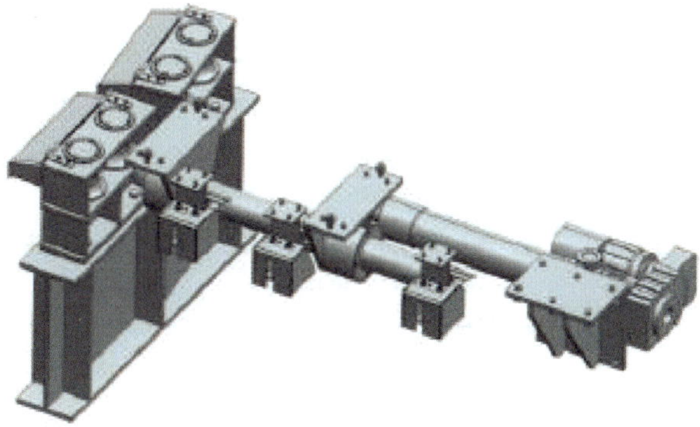

图 2-21 中低速磁浮道岔锁定装置示意

(3)角平分过渡装置

角平分过渡装置设置于中低速磁浮主动梁与第一从动梁和第二从动梁与梁端垛梁之间,作用是为了减缓转辙过程中的角冲击,主要由两个平行的 Z 字形连杆机构组成,其结构示意如图 2-22 所示。

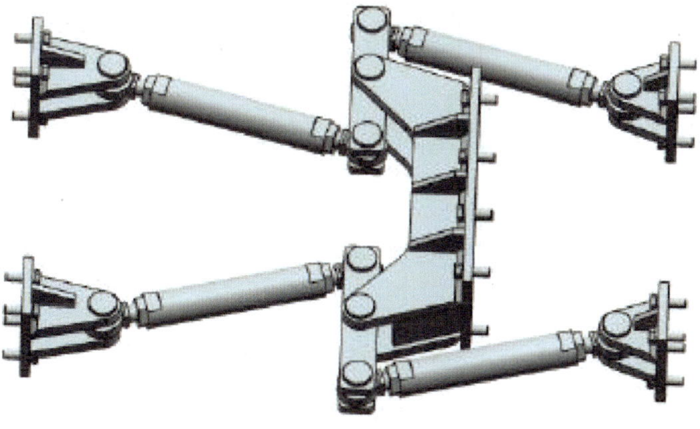

图 2-22 中低速磁浮道岔角平分过渡装置示意

(4)支撑台车

台车装置设置于道岔主动梁段，一般设置2～3台支撑台车，为道岔结构提供一定支撑作用，同时让道岔结构转辙时按固定轨道线路运行，使转辙到位更加精准。图2-23为梁端支撑台车的结构示意。

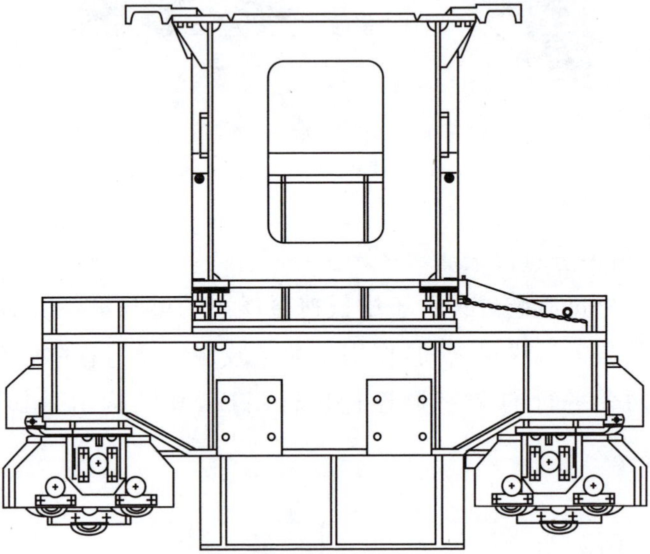

图2-23 中低速磁浮道岔支撑台车装置示意

3 中低速磁浮技术指标与参数

3.1 车　　辆

中低速磁浮车辆结构主要由车体和悬浮架两部分组成，其他的附属装置均在车体和悬浮架上安装。车辆顶部空间用于安装空调机组，下部吊挂设备。每辆磁浮车一般有 5 台悬浮架均匀分布于车体下方，悬浮架环抱轨道，并通过空气弹簧支承车体。

车辆型式分为端车和中车，端车指带有司机室的车辆，中车是无司机室的车辆。列车宜由 2 节端车与若干中车编组成列，编组车辆之间由半永久性牵引杆或密接式半自动车钩连接。司机室前端设密接式自动车钩或密接式半自动车钩，使司机能够识别车钩的联结和锁紧状态。

3.1.1 车辆主要技术参数

车辆主要技术参数见表 3-1。

表 3-1　车辆主要技术规格

序号	名　　称	车辆型式	
		端车	中车
1	车辆基本长度/mm	≤16 000	≤15 000
2	车体基本宽度/mm	2 800、3 000	
3	车辆最高点距基准面高度/mm	≤3 780	

续上表

序号	名　　称	车辆型式	
		端车	中车
4	车辆地板面高度/mm	≤970	
5	车内净高/mm	≥2 100	
6	车辆最大静载荷/(kN/m)	≤25	
7	额定悬浮间隙/mm	8～10	

车辆加减速度性能要求宜符合表 3-2 的规定。

表 3-2　车辆加减速度性能要求

设计速度/(km/h)	加速度/(m/s^2)		减速度/(m/s^2)	
	起动平均加速度 $a_{起平}$	平均加速度 $a_{平}$	常用	紧急
120	0～40 km/h 时，$a_{起平}\geqslant1.0$	0～120 km/h 时，$a_{平}\geqslant0.35$	1.1	1.3
160	0～70 km/h 时，$a_{起平}\geqslant0.8$	0～160 km/h 时，$a_{平}\geqslant0.35$	0.8	1.0

3.1.2　车体结构

车体由顶盖、侧墙、底架、端墙、司机室骨架等组成，各大部件通过焊接方式连接。车辆长度按照实际线路的要求进行设计。为了减轻质量，车体结构采用铝合金型材与铝蜂窝板复合而成的筒形整体承载结构。窗口和门口尺寸较大，车体垂向刚度及扭转刚度较弱，吊装点及顶车点均在车体底架的侧梁上。

3.1.3　悬浮架

悬浮架是支撑车体并传递悬浮、导向、牵引与制动力的机械结构装置，并具有机械解耦适应轨道曲线与不平顺公差的作用，中低速磁浮悬浮架如图 3-1 所示。中低速磁浮车每辆安装 5 台悬浮架，这些悬浮架共同组成了中低速磁浮车辆的走行机构。每台悬浮架主要由左右两个悬浮模块和两对防侧滚梁组成，悬浮模块由托臂、箱梁、悬浮电磁铁、直线电机定子等部件构成，是实现车辆悬浮、导向和牵引的基本单元。防侧滚梁约束模块的侧滚运动，允许左右模块有其他方向上的相对运动。空气弹簧位于悬浮模块两端，支承车体并衰减缓和来自轨道不平顺产生的振动和冲击。每节车的第1、2、4、5个悬浮架之间采用了线性轴承和机械式迫导向机构，能够提高车辆的曲线通过能力。

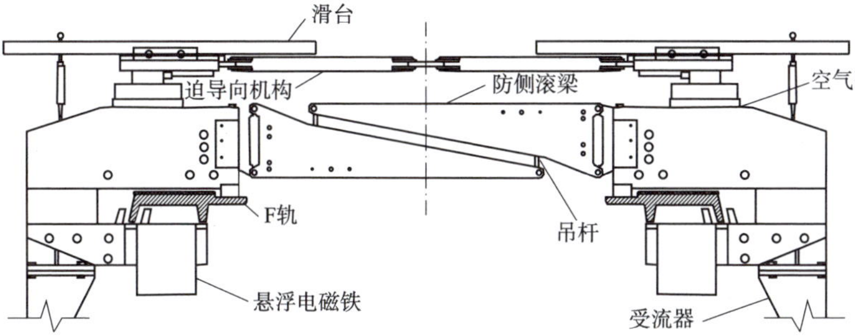

图 3-1 中低速磁浮悬浮架

3.2 线　　路

中低速磁浮交通线路一般为双线，按右侧行车，上下行独立运行，按其在运营中的地位和作用，分为正线(含支线)、配线和车场线。

中低速磁浮交通线路的走向根据城市总体规划、地理环境、地形条件、线路所经区域特征等情况以及行车安全、消防、减振、降噪、景观、节能减排和居民隐私等相关要求，经综合比较后确定。线路平、纵断面设计应重视线路空间曲线的平顺性，满足旅客乘坐舒适度要求。车站及两端正线的线路平、纵断面设计标准应与区间正线相同，困难条件下位于车站两端的减加速地段可采用与行车速度相适应的标准。

3.2.1 线路平面

(1)曲线

中低速磁浮车辆是抱轨运行的，因而脱轨风险很低，可以适应较小的曲线半径。线路曲线地段应根据线路性质、设计速度、工程难易程度，并结合周边环境因地制宜、合理选用线路平面曲线半径。最小曲线半径按式(3-1)计算。

$$R_{\mathrm{Hmin}}=\left|\frac{(v/3.6)^{2}\cos\alpha}{a_{\mathrm{ymax}}+9.8\sin\alpha}\right| \tag{3-1}$$

式中 R_{Hmin}——满足舒适度要求的最小平曲线半径(m)；

v——设计速度(km/h)；

α——横坡角(°)；

a_{ymax}——允许最大侧向加速度(m/s^2)。

一般情况线路平面的曲线半径不得小于表3-3的规定。

表3-3 最小平面曲线半径 单位：m

线路	一般情况	困难情况
正线	150	100
出入线、联络线	100(最大总质量状态)	75(整备状态质量)
车场线	75	50

(2)横坡

在曲线路段根据设计速度和曲线半径大小设置横坡。横坡设置按式(3-2)计算。

$$\alpha=\frac{0.45v^{2}}{R} \tag{3-2}$$

式中　R——曲线半径(m)。

最大横坡角不宜大于 6°，横坡角宜采用轨排绕线路中心旋转的方式设置；允许最大侧向加速度取 0.4 m/s^2 时，对应的横坡角为 3.4°；横坡角应在缓和曲线范围内渐变，无缓和曲线或其长度不足时，应在直线段内递减。横坡角扭转率不宜大于 0.12°/m。

(3)缓和曲线

线路平面圆曲线与直线之间应根据曲线半径、横坡角及设计速度等因素设置缓和曲线，缓和曲线线形宜采用三次抛物线。最小缓和曲线长度应根据实设横坡角和最高行车速度，按式(3-3)和式(3-4)计算并取最大值，且不能小于一节车辆长度。

$$l = 7.9\alpha \sim 11.2\alpha \quad (3\text{-}3)$$

$$l \geqslant 0.225\alpha v \quad (3\text{-}4)$$

式中　l——缓和曲线长度(m)。

线路平面应采用两端等长缓和曲线的单曲线线形，不应设计复曲线。车站应设在直线上，如设在曲线上，其曲线半径应大于 600 m。道岔也设在直线上，道岔垛梁端部距平曲线端部的距离应满足便于施工维护的要求。

(4)夹直线

区间正线圆曲线和夹直线最小长度根据式(3-5)和式(3-6)计算确定。

$$\text{一般条件下：} L \geqslant 0.6v \quad (3\text{-}5)$$

$$\text{困难条件下：} L \geqslant 0.4v \quad (3\text{-}6)$$

式中　L——圆曲线或夹直线长度(m)。

(5)正线间距

区间正线线间距应符合表 3-4 的规定，曲线地段线间距应考虑加宽。

表 3-4 区间正线线间距

设计速度/(km/h)	100(不含)～160	100 及以下
最小线间距/m	4.0	3.6

3.2.2 线路纵断面

(1)线路坡度设计

区间正线最大坡度不宜大于 60‰,困难地段最大坡度不应大于 65‰。在特殊情况下,经技术经济比较,有充分依据时,最大坡度可采用 70‰。其他线路的最大坡度不得大于 70‰。

隧道内和路堑地段的正线最小坡度宜采用 3‰,困难地段在确保排水的条件下可采用 2‰;地下车站站台计算长度内宜采用 2‰的坡度,在困难条件下,可设在不大于 3‰的坡度上;地面及高架车站站台计算长度宜采用平坡,困难地段可采用小于 3‰的坡度;车场线宜采用平坡,困难条件库外线可采用不大于 2.5‰的坡度;道岔区宜采用平坡,困难条件下可采用不大于 3‰的坡度。正线道岔垛梁端部距邻近曲线起点距离不宜小于 20 m,车场线道岔垛梁端部距邻近曲线起点距离不宜小于 4 m。

(2)竖曲线

当两相邻坡段的坡度代数差大于或等于 2‰时,应采用圆曲线形的竖曲线连接。竖曲线半径按式(3-7)计算。

$$R_v = \frac{v^2}{12.96 a_v} \tag{3-7}$$

式中 R_v——竖曲线半径(m);

a_v——竖向加速度(m/s²)。

正线竖曲线半径不宜小于 2 000 m,辅助线竖曲线半径不宜小于 1 500 m;车站站台计算长度和道岔范围内不得设置竖曲线，竖曲线离开道岔端部的距离不应小于 5 m；相邻竖曲线间的夹直线长度不宜小于 40 m，困难条件下不应小于 20 m；竖曲线与平面缓和曲线不得重叠。竖曲线半径不得小于表 3-5 的规定。

表 3-5 最小竖曲线半径 单位：m

线别		一般情况	困难情况
正线	区间	5 000	2 000
	车站端部	3 000	1 500
联络线、出入线		1 500	
车场线		1 000	

3.3 轨　道

中低速磁浮轨道结构由轨排、伸缩接头、扣件、承轨台、承轨梁及道岔等组成。轨道结构应具有足够的强度、刚度、稳定性和耐久性，确保列车安全、平稳、快速运行。轨道结构应便于现场施工和运行维护，结构部件及所用工程材料应满足结构受力和系统使用要求，便于制造和加工，并应符合国家现行有关标准的规定。轨道静态平顺度要求见表 3-6。

表 3-6 轨道静态平顺度

序号	项目	容许偏差	备注
1	轨距	±1 mm	
2	水平	±1.5 mm/3 m	四磁极面水平共面度
3	高低	1.5 mm/4 m	单磁极面沿轨道方向平面度；测量弦长 4 m 或 10 m
		3 mm/10 m	

续上表

序号	项目	容许偏差	备　注
4	轨向	1.5 mm/4 m	单磁极面沿着轨道方向直线度；测量弦长 4 m 或 10 m
		3 mm/10 m	
5	轨缝错位	±1 mm	前后相邻轨排之间的竖向(横向)轨缝错位

注：标准轨道静态平顺度指标使用速度为 120 km/h 及以下。

3.3.1 轨　　排

中低速磁浮交通轨道以轨排铺装而成，具有支撑磁浮车辆、承受车辆的悬浮力、导向力、牵引力和制动力的功能。轨排由感应板、F 型钢、轨枕及连接件等组成。标准轨排长度宜为 12 m，非标准轨排长度宜为 1.2 m 的整数倍，最短轨排长度不应小于 3.6 m。轨枕铺设间距宜为 1.2 m，轨排连接处轨枕间距宜为 0.8 m。特殊情况下轨枕铺设间距可为 0.6～1.2 m。

(1)F 轨导轨技术标准

F 轨由 F 型钢和感应板组成，是一种承受磁浮车辆悬浮力、导向力、牵引力和制动力的基础构件。F 轨材质采用碳素结构钢或耐候钢，选用钢种的饱和磁通密度不小于 1.4 T。

感应板采用铝合金材质制造，电导率应不小于 60%ACS，屈服强度不小于 80 MPa，抗拉强度不小于 110 MPa。感应板一般为直线型，在曲线地段，可采用分段的直线感应板拟合曲线，其分段长度应根据线路平面曲线半径进行拟合选用。根据平面曲线半径的不同，感应板长度控制在 0.8～3 m 之间。铺设感应板时，两感应板之间间隙可按 1～2 mm 设置，以适应工作条件下的温度变化，感应板之间的接缝宜采用粘结胶进行密封。

(2)轨枕技术标准

轨枕宜采用碳素结构钢,断面形式为 H 型轨枕或矩形轨枕。轨枕间距一般地段优先采用 1 200 mm,轨排接头位置等特殊地段宜进行轨枕加密,但不小于 600 mm。库内立柱地段,结合工艺要求设置轨枕间距,一般不大于 1 400 mm。

3.3.2 轨道与承轨梁联结

轨排与承轨台之间采用扣件联结,扣件结构力求简单,并应具备以下性能:

(1)有足够的强度、扣压力、适量的弹性。

(2)有适量的轨道几何形位调整功能。

(3)良好的绝缘、防腐性能。

(4)施工和养护简便。

承轨台混凝土强度等级不应低于 C40,或采用相应类别的灌浆料结构;承轨台结构的耐久性应满足设计使用年限 100 年要求;承轨台与承轨梁之间应采取加强措施;承轨台结构高度应满足扣件安装条件。

轨道曲线超高与横坡角的设置可参考 3.2.1 相应公式计算,中低速磁浮轨道曲线超高宜采用内轨降低 1/2,外轨抬高 1/2 的方式设置。

路基、隧道和桥梁地段的承轨梁宜采用钢筋混凝土结构,混凝土强度等级不应低于 C40。承轨梁结构高度应与道岔、桥梁等相匹配,应满足接触轨的安装要求,并考虑轨排伸缩节的影响。

3.3.3 轨道附属设施

中低速磁浮轨道附属设施包括车挡、轨道标志、轨排铭牌等。

轨道尽端均应设置车挡，要求在正线及配线、试车线的终端宜采用缓冲滑动式车挡。车挡应能承受列车以不小于 15 km/h 速度撞击的冲击荷载，特殊情况下，可根据车辆、信号等要求计算确定。车场线终端宜采用固定式车挡。

轨道标志应设置百米标、坡度标、曲线要素标、平面曲线起终点标、竖曲线起终点标、道岔编号标、站名标、桥号标、水位标等线路标志；应设置限速标、停车位置标、一度停车标等信号标志。各种标志采用反光材料制作，安装不得侵入设备限界。

轨排上应设置铭牌，铭牌内容宜包括产品名称、规格型号、编号、轨排长度、铺设里程、生产厂家、生产日期等。

3.4 桥　　梁

3.4.1 桥梁设计规定

(1)桥梁结构应构造简洁、美观，力求标准化、系列化，选用的结构形式和材料应便于施工和养护维修。

(2)桥梁跨度宜结合轨排模数进行设计。

(3)桥梁结构应满足车辆安全运行和乘客乘坐舒适度的要求，应与城市景观相协调。

(4)桥梁结构计算应考虑列车竖向活载动力作用，可按照竖向静活载乘以动力系数$(1+\mu)$确定。

$$1+\mu=1.15\varphi \tag{3-8}$$

式中　φ——竖向附加加速度系数。

桥梁结构设计应按所列荷载，按最不利组合情况进行计算，区间桥梁荷载分类情况见表 3-7。

表 3-7 区间桥梁荷载分类

<table>
<tr><th colspan="2">荷载分类</th><th>荷 载 名 称</th></tr>
<tr><td rowspan="2">主力</td><td>恒载</td><td>结构自重；
附属设备和附属建筑自重；
预加应力；
混凝土收缩及徐变影响；
基础变位影响；
土压力；
静水压力及浮力</td></tr>
<tr><td>活载</td><td>列车竖向静活载；
列车竖向动力作用；
列车离心力；
列车侧向导向力；
小半径约束力；
列车活载产生的土压力；
人群荷载</td></tr>
<tr><td colspan="2">附加力</td><td>列车制动力或牵引力；
风力；
温度影响力；
流水压力</td></tr>
<tr><td colspan="2">特殊荷载</td><td>紧急制动力；
船只或汽车的撞击力；
地震力；
施工临时荷载</td></tr>
</table>

注：①如杆件的主要用途为承受某种附加力，则在计算此杆件时，该附加力应按主力计算列车横向导向力与离心力、风力组合。

②流水压力不与列车制动力或牵引力组合。

③地震力与其他荷载的组合应执行现行《铁路工程抗震设计规范》(GB 50111)的规定。

④计算中要求考虑的其他荷载，可根据其性质，分别列入上述三类荷载中。

3.4.2 列车制动力或牵引力计算

(1)列车制动力或牵引力按列车竖向静活载的 15%计算，当与离心力同时计算时，可按竖向静活载的10%计算。

(2)紧急制动力应按列车竖向静活载的20%计算。

(3)区间双线桥应采用一线的制动力或牵引力；三线或三线以上的桥应采用二线的制动力或牵引力。

(4)高架车站及车站相邻两侧100 m范围内的曲线双线桥应按双线制动力或牵引力计算，每线制动力或牵引力值应按竖向静活载的10%计算。

(5)制动力或牵引力应作用于桥梁以上车辆中心处，但计算墩台时应移至支座中心处，计算刚架结构时应移至横梁中线处，均不计移动作用点所产生的力矩。

作用在轨道基准面处的列车侧向导向力应按式(3-9)计算，列车的最大侧向导向力宜按静荷载的20%计算。

$$P_y = \pm\left(1 + \frac{v}{500}\right) \tag{3-9}$$

式中　P_y——动态侧向力(kN/m)。

位于曲线范围内的桥梁，需考虑由于列车与桥梁之间相互约束产生的小半径约束力，其数值不宜大于10 kN，作用在F轨磁极面上。

在列车静活载及温度荷载作用下，桥梁变形不应超过表3-8容许值。

表3-8　桥梁变形容许值

梁型	静活载竖向挠度	温度引起变形
简支梁	$L/3\ 800$	$L/6\ 200$

注：连续梁竖向挠度限值按简支梁的1.1倍取值，L为桥梁支点距离(m)。

桥梁的竖向一阶固有频率宜满足式(3-10)要求，当不满足时进行车桥耦合分析确定。

$$n_0 > \frac{90}{L} \tag{3-10}$$

式中　n_0——桥梁的竖向一阶固有频率(Hz)；

L——桥梁支点距离(m)。

3.4.3　桥梁位移

在列车荷载、导向力、离心力、风力和温度力的作用下，桥梁桥墩顶的弹性水平位移要求如下：

(1)简支梁顺桥向位移小于 10 mm。

(2)由桥墩横向水平位移差引起的桥梁两端水平折角不大于 1.5‰。

桥梁墩台基础的沉降按恒载计算，按下列规定：

对于外静定结构，其纵沉降量与施工期间的沉降量之差，墩台均匀沉降量不应大于 40 mm，相邻墩台沉降量之差不应大于 10 mm。

对于超静定结构，其相邻墩台不均匀沉降量之差的容许值还应根据沉降对结构产生的附加影响来确定。

3.4.4　桥梁接口设计

桥梁宜设置轨道、接触轨、接地、通信信号电缆、电力电缆、通信信号等设备安装所需的预埋件或安装接口板，并预留设备维修空间。

道岔桥上应预埋满足运行控制、供电环网、牵引供电和防雷接地等系统设备安装要求的预埋管道或连接件。

3.5 隧 道

3.5.1 隧道设计规定

(1)隧道设计应体现以人为本、服务运输、节能环保、技术先进、经济耐久、便于养护维修的设计理念。

(2)隧道设计应综合考虑施工、防灾疏散救援、空气动力学、运营通风等功能要求。

(3)新建 10 km 及以上的特长双线隧道和地质条件复杂的双线隧道,应结合施工、运营和防灾救援等因素,进行单洞双线隧道和双洞单线隧道的技术经济比选。

(4)隧道设计应体现信息化动态设计理念,包括监控量测设计和超前地质预报设计等内容。

(5)风险管理应贯穿于隧道的设计和施工全过程,并根据项目不同阶段有所侧重。

(6)隧道内气动压力舒适度标准及隧道最大阻塞比应满足表 3-9 要求。

表 3-9 隧道最大阻塞比

<table>
<tr><th>设计速度/(km/h)</th><th>车辆类型</th><th>最大阻塞比</th><th>备 注</th></tr>
<tr><td>120</td><td>非密闭车</td><td>0.40</td><td rowspan="2">动态密封指数低于 0.5 s</td></tr>
<tr><td rowspan="2">140</td><td>非密闭车</td><td>0.27</td></tr>
<tr><td>密闭车</td><td>0.35</td><td rowspan="2">动态密封指数高于 6 s</td></tr>
<tr><td>160</td><td>密闭车</td><td>0.289</td></tr>
</table>

注:设计速度 120 km/h 以下时隧道断面不考虑阻塞比要求。

3.5.2 隧道内轮廓因素

隧道内轮廓设计应考虑的因素包括:隧道建筑限界,线路数量及线间距，隧道断面最大阻塞比，承轨梁结构形式及施工、运营维护方式，洞内附属构筑物、设备空间，疏散救援通道空间，隧道结构和承轨梁结构施工预留的综合误差及变形余量。

3.6 牵引供电

3.6.1 牵引供电系统规定

牵引供电系统应保证可靠性和独立性。牵引供电系统正常运行或故障时应保证人员和设备安全。牵引供电系统应具备一定的抗风、雨、雪、冰等自然灾害的能力。牵引负荷为一级负荷。

供电系统由外部电源、主变电所或电源开闭所、中压供电网络、牵引供电系统、动力照明供电系统和电力监控系统组成。其中，牵引供电系统包括牵引变电所和接触轨系统，动力照明供电系统包括降压变电所和动力照明配电系统。

3.6.2 外部电源设计要求

外部电源供电方案应结合城市电网规划进行设计，可采用集中式供电方式、分散式供电方式或混合式供电方式。供电系统对外部电源的功率需求按远期运营高峰小时的用电负荷计算。外部电源供电方案应满足可靠供电要求，同时应便于运营管理和维护。供电系统受电点引入的外部电源应是两路相互独立的电源，其中至少应有一路为专线电源。

3.6.3 接口设计

外部电源设计应做好与电力部门用电需求的协调，明确接口界面，变电所设备房屋、场坪、通所道路、设备基础支架、电缆夹层、沟槽管洞等满足设备运输、安装、运行要求。变电所通信设备房屋应满足通信设备运行要求。变电所设计应满足供电系统的远程监控要求。接触轨设计应与车辆的受流性能相协调。

3.7 运行控制

为确保中低速磁浮交通列车安全、可靠和高效地运行，对运营过程实施全面的监控和管理，应建立运营控制中心（OCC）。控制中心具有对中低速磁浮交通全线的列车运行、电力供给、环境状况及车站设备、票务运行等全过程进行集中监控、统一调度指挥和管理的功能，并设置信号、火灾自动报警、环境与设备监控、电力监控、自动售检票和通信等系统中央级设备。

3.7.1 运行控制系统设计规定

(1)运行控制系统由行车指挥和列车运行控制设备组成，并设置故障检测和报警设备。

(2)运行控制系统应满足行车组织和运营管理的需要。

(3)采用的设备应符合国家现行有关标准的规定。

(4)列车自动控制系统（ATC）应具有高可靠性、高可用性和高安全性。

运行控制系统包括正线信号 ATC 系统和车辆段信号系统。ATC 系统采用基于通信的列车自动控制系统（CBTC），系统包括下列子系统：列车自动监控子系统（ATS）、列车自动防护子系统（ATP）、列车自动运行子系统（ATO）。

3.7.2 ATC 系统的设计能力规定

(1)ATC 系统能力与线路规模、运行能力相适应。

(2)满足通过能力、折返能力及出入段能力。

(3)出入段的列车不影响正线列车的行车能力。

(4)ATC 系统监控和管理的列车数量按最小追踪间隔能力所需列车数量设计,并应留有不小于 30%的余量。新线设计车载信号设备配备数量,按初期或近期配属列车数量计算。

3.7.3 ATS 系统要求

(1)运营线路上的车站、区间、折返线等全部纳入正线 ATS 系统监控范围,设计行车安全的应急控制宜由车站办理。

(2)ATS 系统满足列车运行交路的需要,凡具有折返条件的车站均应按具有折返作业设计。

(3)系统故障或车站作业需要时,经控制中心调度员与车站值班员办理手续后,可实现站控与遥控转换。

3.7.4 ATP 系统要求

(1)ATP 系统和联锁子系统的安全完整等级(SIL)满足现行《轨道交通　可靠性、可用性、可维修性和安全性规范及示例》(GB/T 21562)中 SIL4 的要求,ATP 系统内部设备之间的信息传输应符合故障导向安全原则。

(2)在预定停车点的外方应设置安全防护区。

(3)ATP 系统应具有完善的道岔区安全防护措施。

3.7.5 ATO 系统要求

(1)ATO 系统应具备司机监控下的列车自动运行、列车全自动运行水平等级。

(2)ATO 定点停车精度应根据站台计算长度、列车性能和站台门的设置等因素选定。定点停车精度不宜超过±0.3 m。

3.7.6 接口设计规定

运行控制系统应与通信、电力监控、防灾报警、环境监控、车辆、道岔、站台门、大屏幕等系统相匹配。运行控制系统应在桥梁、隧道、路基、建筑、结构、轨道等部位预留预埋孔洞、管线及安装基础等。

4 中低速磁浮轨排加工与组装

轨排是构成中低速磁浮线路的基本单元，具有支撑磁浮车辆、承受车辆的悬浮力、导向力、牵引力和制动力的功能。中低速磁浮轨道不同于普通轮轨轨道结构，自上而下分别由感应板、F型钢、F轨、H型轨枕、扣件及紧固件等组件构成，标准轨距为1 860 mm。中低速磁浮轨排的轨距、平面线形、轨道与轨枕连接均在工厂内一次安装、调整到位后再集中拉运到施工现场进行安装。因此，轨排组件的加工精度和组装精度对轨排几何尺寸有着重要影响。

4.1 轨排加工

4.1.1 感应板

感应板宜采用铝合金板材制造，板材宜符合《一般工业用铝及铝合金板、带材》(GB/T 3880)系列标准的规定。特殊场合也可采用铜合金板材制造，其断面尺寸如图4-1所示，尺寸应符合表4-1的规定。

4.1.2 F型钢

F型钢的断面为F形异型截面细长杆件，是中低速磁浮轨道中的一个重要零件，一般长度为12.5 m左右，其界面如图4-2所示。F型钢宜采用耐候钢或碳素结构钢，F型钢的尺寸、截面面积、质量及极限偏差应符合表4-2的规定。F型钢毛胚为热轧异型

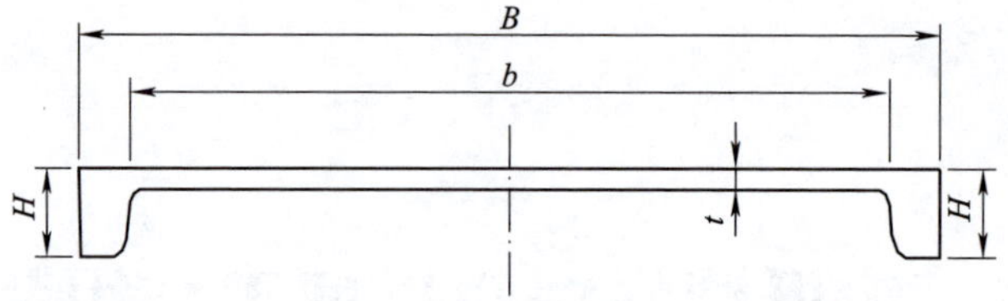

B—外侧宽度;b—内侧宽度;H—感应板高度;t—感应板厚度。

图 4-1 感应板断面

表 4-1 感应板尺寸及偏差

项目	B	b	H	t
基准尺寸/mm	242	220	17	4
极限偏差/mm	—	+1.5,−0.5	±0.5	±0.2

界面,断面各部位均需进行机械加工。现已形成F型钢专用多面加工设备专利,能够提高F型钢的机加工效率。

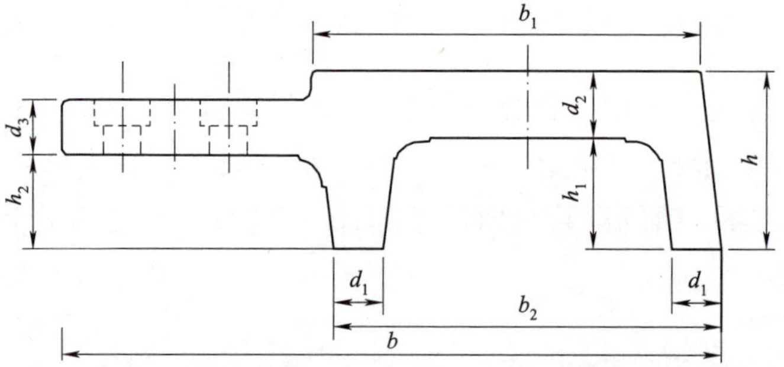

h—F型钢体高度;h_1—磁极面至检测面距离;
h_2—F型钢栓合面与磁极面距离;d_1—F型钢体内、外肢脚厚度;
d_2—F型钢体腹板厚度;d_3—F型钢栓合板厚度;b—F型钢体宽度;
b_1—感应板安装面宽度;b_2—F型钢体肢脚间距。

图 4-2 F型钢断面

表 4-2 F 型钢尺寸参数及偏差

基准尺寸/mm	h	h_1	h_2	d_1	d_2	d_3	b	b_1	b_2
	94.5	60	50	28	34.5	28.5	372	220	220
极限偏差/mm	±0.3	±0.3	±0.3	±1.5	—	±0.5	—	±0.3	±0.5
截面面积/mm^2	15 562								
理论质量/(kg/m)	122.2								

4.1.3 F 轨

感应板与 F 型钢通过螺栓或铆钉连接构成 F 轨，组装后 F 轨尺寸会发生一定变化，需要检查其尺寸极限偏差，具体尺寸要求见表 4-3。

表 4-3 F 轨偏差要求

序号	检 查 项 目	F 轨/mm	
		≤6 000	6 001～12 000
1	长度极限偏差/mm	±2	
2	直线度极限偏差	±1/1 000	±1/1 000
3	平面度/mm	≤0.5/全长	≤0.5/全长
4	同意导轨感应板安装高度极限偏差/mm	±1	±1.5

4.1.4 H 型轨枕

轨枕采用耐候钢或碳素结构钢的热轧 H 型钢制成，使用寿命不应小于 30 年，H 型钢断面如图 4-3 所示，H 型钢尺寸、质量及极限偏差宜符合表 4-4 的规定。

H 型钢轧制完成后在 F 轨连接面处、承轨台连接处需进行机械加工，加工后 H 型轨枕尺寸极限偏差及要求应符合表 4-5 的规定。

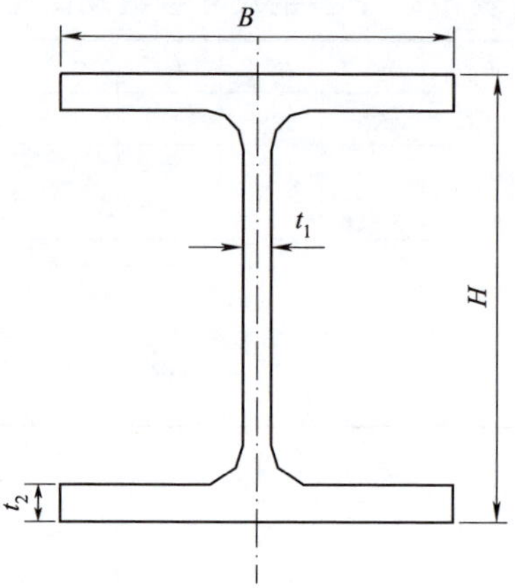

H—H型钢高度；B—H型钢宽度；t_1—H型钢腹板厚度；t_2—H型钢翼缘厚度。

图4-3 H型钢断面

表4-4 H型钢参数及极限偏差

尺寸/mm					截面面积/mm^2	理论质量/(kg/m)
截面代号	H	B	t_1	t_2		
基准尺寸	230	200	20	20	11 993	94.15
极限偏差	±2.0	±3.0	±1.0	±1.5		

表4-5 H型轨枕尺寸要求

序　号	检　查　项　目	要　求
1	H型轨枕长度/mm	±1
2	H型轨枕直线度	1/1 000
3	H型轨枕上下表面平面度/mm	≤0.5

4.1.5 螺栓加工

F轨、H型轨枕安装孔尺寸极限偏差应符合表4-6的规定，孔壁表面粗糙度不应低于MRR Ra12.5。

表 4-6 螺栓孔极限偏差

序号	安装孔径(椭圆孔)/mm	安装孔径极限偏差/mm
1	10～18	+0.180
2	18～30	+0.210
3	30～50	+0.450

F 轨、H 型轨枕螺栓孔孔距要求应符合表 4-7 的规定。

表 4-7 螺栓孔距极限偏差

名　称	孔距范围/mm			
螺栓孔孔距	≤300	301～1 200	1 201～6 000	≥6 000
同一组内任意孔间距离	±0.5	±1.5	—	—
相邻两组的端孔间距离	±1	±1.5	±2	±2.5

注:①螺栓孔孔距是指同一轨排 F 轨、轨枕螺栓孔;
②F 轨与 H 型轨枕连接处,四个螺栓孔为一组;
③F 轨两端两轨排联结螺栓孔处,两个螺栓孔为一组。

4.2 轨排组装

根据中低速磁浮设计规范要求,对磁浮轨排内部尺寸精度提出了几点控制要素,见表 4-8。

表 4-8 轨排尺寸极限偏差

序号	检查项目	误差值/mm
1	轨距	±1
2	两 F 轨对角线长度	≤2
3	相邻两轨枕间距	±2
4	同一横截面四磁极共面度	≤1
5	轨排长度放线任意 4 m 线形偏差	(弦高)≤1.5

4.2.1 轨距精度控制

F 轨排的轨距即轨道梁两侧 F 轨磁极面中心线之间的距离。中低速磁浮轨排的轨距误差要求为±1 mm，设计要求中心轨距为 1 860 mm，外侧边缘距离为 2 080 mm，如图 4-4 所示。

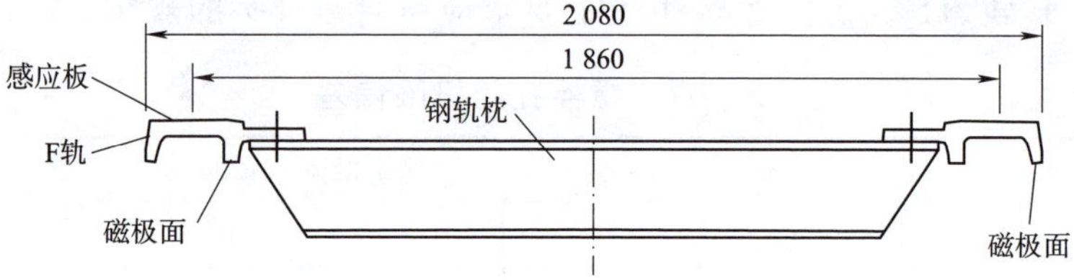

图 4-4 F 轨轨距示意(单位：mm)

4.2.2 轨枕间距

中低速磁浮 F 轨排轨枕采用的是工字钢进行轧制。线路中轨枕间距一般取 1 200 mm，但部分轨枕间距根据线路情况取值各不相同，具体数值依据设计要求确定，且设计公差要求为±2 mm。

4.2.3 两 F 轨对角线长度

磁浮轨道需要在工厂内加工，每榀轨排均需根据线路要求经过单独设计，因此，每榀轨排几何尺寸都是唯一的，轨排长度均不完全相同。为控制轨排的整体形状与长度，需要量测两 F 轨的对角线长度进行控制。设计要求组装公差小于 2 mm，即 L_1(对角线长度 1)$=L_2$(对角线长度 2)$=L$(设计对角线长度)，下轨对角线长度及轨枕间距示意如图 4-5 所示。

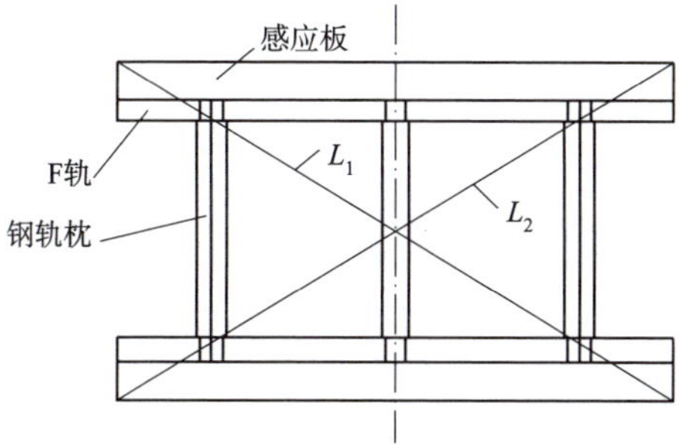

图 4-5 F 轨对角线长度及轨枕间距示意

4.2.4 磁极共面度控制

F 轨两侧设有 4 个磁极面，如图 4-4 所示，列车运行时悬浮架 U 型电磁铁与 F 轨之间产生电磁吸力，使列车浮起约 8 mm。由于列车处于主动悬浮控制的动态平衡中，列车与感应磁极面的距离十分有限。在列车运行过程中，为避免磁极面电磁吸力不同而导致列车剧烈晃动，甚至出现砸轨现象，要求 4 个磁极面具有很高的共面度。设计要求四磁极共面度公差小于 1 mm。

4.2.5 轨排长度方向任意 4 m 线形（弦高）偏差控制

磁浮 F 轨对加工线形的公差要求很高，最终的轨排安装误差要求为 1.5 mm/4 m。因此，轨排加工的线性误差应控制得更加精确，包括 1.5 mm/4 m、3 mm/10 m 两个控制要素。通过这两个控制要素去控制轨排加工的线性误差。曲线段主要通过控制 4 m 长度的理论弦高偏差来控制曲线线形。

5　中低速磁浮轨道施工

本章结合凤凰磁浮文化旅游项目工程，对中低速磁浮轨道工程施工工序进行阐述。

5.1　工程概况

凤凰磁浮文化旅游项目是继长沙磁浮快线后湖南省投资建设的第二条商业磁浮线路。项目位于湖南省湘西土家族苗族自治州，是连接凤凰高铁站和凤凰古城的一条旅游线路，已列入湖南省“十三五”旅游规划和湖南省重点建设工程，线路全长 9.121 km，设车站6 座(预留 2 座)，磁浮高铁站与世外桃源站为地面站，其余均为高架站，列车设计速度 100 km/h，凤凰磁浮项目线路平面如图 5-1 所示。

图 5-1　凤凰磁浮项目线路平面图

注:部分车站名称后期有调整，城北游客中心站改为凤凰迎宾站，古城揽胜站改为凤凰揽胜站，民俗园站改为凤凰等待站。

5.1.1　线路简介

凤凰中低速磁浮线路最小站间距 1.218 km(凤凰揽胜站—凤凰等待站),平均站间距 2.222 km。轨道工程施工路线采用双线形式,分别为左、右线,线间距一般为 4.70 m,局部为 6.23 m,设计速度 100 km/h,轨面高程 429.27～340.04 m,轨距 1.86 m,区间直线地段路基面宽度为 11.4 m。

5.1.2　区间环境

(1)自然地理及气象

凤凰县地处湖南省西部边缘,湘西土家族苗族自治州的西南角。东与泸溪县接界,北与吉首市、花垣县毗邻,南靠怀化地区的麻阳苗族自治县,西接贵州省铜仁市的松桃苗族自治县。

凤凰县属中亚热带季风湿润性气候,全县处于全国多云中心区的边缘,年平均云量在 8 成以上,年平均雾日达 35 天。全县处于湘西低热区,年平均气温为 15.9 ℃,大于等于 35 ℃日数全年仅有 10.5 天。

凤凰县位于云贵高原东侧少雨地区,历年平均降雨量仅为 1 308.1 mm,年降水量为州内最少,也是全省少雨区之一。全县冬季盛吹偏北风,夏季盛吹偏南风。所以受大气环流的影响,表现为最明显的季风环流。

(2)地质构造

工程位于杨子准地台之八面山褶皱带与江南地轴的过渡区。由于区内经历了数次规模较大的构造运动,多数构造经历了长期的演变过程。不同类型、不同形态、不同规模的构造相互交织复合，互相牵制、干扰、穿插，错综复杂，构织成一幅复杂的构造图像。

（3）区域地层岩性

区域除上覆薄层第四系冲洪积、残坡积黏性土、碎石土，下伏地层为寒武系中统敖溪组下段、寒武系下统清虚洞组组沉积岩。

寒武系中统敖溪组下段：主要岩性为深灰色，薄—中厚层状泥质条带灰岩，偶夹炭质页岩。

寒武系下统清虚洞组：主要岩性为灰黑色，薄—中厚层状泥质灰岩，偶夹炭质页岩。

（4）地震

湘西州中部地壳隆起较强，花垣—保靖—永定区断裂带、保靖—铜仁—玉屏断裂带、永定区—古丈—吉首—凤凰断裂带均有活动。特别是沅麻盆地活动较强，据湖南省历史地震记载，曾发生三级以上地震，其中沅麻盆地东缘最高震级达 7 级以上。1964 年以来，湘西州境及其东邻地区，曾发生 10 次以上地震，最高震级 2.8 级。

近场区大部分断裂在中更新世中、晚期活动，中更新世晚期以来活动逐渐减弱。线路区域内未发现活动断层，场地所处的区域范围和近场区范围处于历史平均地震活动水平。

5.2 设计概况

5.2.1 线路主要技术标准

（1）正线数目：双线，线间距 4.7 m。

（2）轨距：1 860 mm。

(3)最高运行速度:100 km/h。

(4)最小曲线半径:正线 100 m,车场线 50 m。

(5)最大坡度:70‰。

(6)最小竖曲线半径:正线 1 500 m,辅助线 1 000 m。

5.2.2 设计依据

(1)《磁浮铁路技术标准(试行)》(TB 10630—2019)。

(2)《中低速磁浮交通设计规范》(CJJ/T 262—2017))。

(3)《湖南省中低速磁浮交通设计标准》(DBJ43/T 007—2017)。

(4)《湖南省中低速磁浮交通工程质量验收标准》(DBJ43/T 201—2017)。

(5)《铁路轨道设计规范》(TB 10082—2017)。

(6)《地铁设计规范》(GB 50157—2013)。

(7)《中低速磁浮交通车辆通用技术条件》(CJ/T 375—2011)。

(8)《中低速磁浮交通车辆悬浮控制系统技术条件》(CJ/T 458—2014)。

(9)《中低速磁浮交通轨排通用技术条件》(CJ/T 413—2012)。

(10)路基、桥梁、隧道、信号、车辆等专业施工图及相关技术要求。

(11)其他相关规范规程、团体标准、相关部文及会议纪要等。

5.2.3 设计原则

(1)铺设 H 型钢枕式中低速磁浮轨道,轨道结构设计最高速度:110 km/h。

(2)额定悬浮间隙:8 mm。

(3)轨枕间距一般正线地段采用 1 200 mm,库线地段根据工艺要求一般采用 1 400 mm,轨排接头位置等特殊地段需加密轨枕。

(4)中低速磁浮轨道钢结构设计使用年限不小于 30 年,轨道主体结构及支撑块的设计使用年限不低于 100 年。

5.2.4 结构设计

总体设计:中低速磁浮轨道结构指基础结构(如承轨梁、道岔梁、立柱等)以上承载列车的结构部分,主要以中低速磁浮轨排(包括感应板、F 型钢、H 型钢枕及相应连接件和紧固件)为单元整体铺装而成。全线设计采用 H 型钢轨枕式中低速磁浮轨道结构,铺设有缝线路。

H 型钢枕式中低速磁浮轨道自上而下主要由轨排、扣件系统、承轨台等部分组成,除具备承受和传递列车重力、导向力、驱动力和制动力的功能外,还应具备配合车上安装的电磁铁、直线感应电机和传感器构成电磁及控制电路,实现悬浮、导向、驱动和制动等功能。承轨台为轨排与承轨梁的接口,轨道结构的纵横向力通过承轨台传递到下部基础。

(1)感应板

感应板材料采用铝合金板材制造,采用阳极氧化法对材料表面进行处理,导电率≥59%IACS。

(2)F 型钢

F 型钢材料采用 Q235D 钢,质量 128 kg/m。F 型钢采用毛胚轧制和机械精加工,平面圆曲线、缓和曲线及断面竖曲线地段应采用相应设计线形的厂制曲线型 F 型钢。

(3)F 轨

F 轨由 F 型钢和感应板组成,两者之间采用密封胶粘接和顶面螺钉/侧面销钉紧固连接的方式,应具有足够的连接强度。标准 F 轨长度为 12.5 m。

(4)H 型钢枕

轨枕采用热轧 H 型钢枕,其中,一般桥梁地段采用 H1 型钢枕,路基、隧道地段及车辆段库内线采用 H2 型钢枕,大跨桥上伸缩区地段采用 H3 型钢枕。

(5)连接件

轨排由碳素钢或低合金高强钢的紧固件、沉头螺钉和销钉等完成连接。为保证 F 轨与 H 型轨枕联结螺栓的耐久性,F 轨滑行面上联结螺栓沉孔均采用密封材料完全密封,并与滑行面平齐。

(6)伸缩接头

线路轨排按有缝线路铺设,以适应工作条件下的温度变形。轨排铺设时的预留轨缝值,应根据轨排长度与 F 型钢温度计算确定。承轨梁接缝处均设置轨缝,一般地段在锁定轨温条件均按 20 mm 设计。

(7)扣件系统

一般桥梁地段 H1 型钢枕采用 CF-Ⅲa 型扣件系统与承轨台连接,路基、隧道地段以及车辆段库内线 H2 型钢枕采用 CF-Ⅲb 型扣件系统与承轨台连接,大跨桥上伸缩区地段井字型轨枕采用

CF-Ⅳ型扣件系统与承轨台连接。扣件系统包括铁垫板、调高垫板、锚固螺栓等部件。

(8)承轨台

承轨台处于下部基础与轨排之间,采用高强无收缩灌浆料二次浇筑。正线承轨台采用双层配筋。

(9)超高设置

曲线超高均采用线路中心高度不变方式,通过承轨梁倾斜一定角度实现超高设置。超高在缓和曲线内完成线形过渡,最终与圆曲线顺接。

5.3 轨道工程施工工艺

5.3.1 施工方案

(1)施工准备阶段

在施工准备阶段,一是工装的研究和加工、建设铺轨基地、铺轨顺序确定、大型机械设备进场及调试、材料机具进场、原始基准点的复测等工作;二是根据原始基准点的复测资料进行CPⅢ控制网及加密基标测设,CPⅢ控制网测设完成后,对承轨梁表面进行凿毛和清理,对预埋钢筋不符合要求的进行扶正、裁剪或折弯处理。

(2)施工阶段

在预留的钢筋基础上绑扎承轨台钢筋,钢筋绑扎完成后将扣件和轨枕散布在承轨台附近,并摆放临时支墩和轨排支撑架。轨排进场后将轨排直接吊至或铺轨机运至施工部位,放置在临时支墩上。初步就位后,安装轨排支撑架并撤出支墩,安装扣件。安装完成后进行轨排粗调。粗调完成后进行承轨台模板支立。模板固定牢固后，轨排几何尺寸的精调到精度后即可进行承轨台浇筑。初凝后对承轨台进行养护处理，待承轨台强度达到要求后拆除承轨台模板和轨排支撑架，最后进行承轨台质量检查、轨排复测，轨道施工流程如图 5-2 所示。

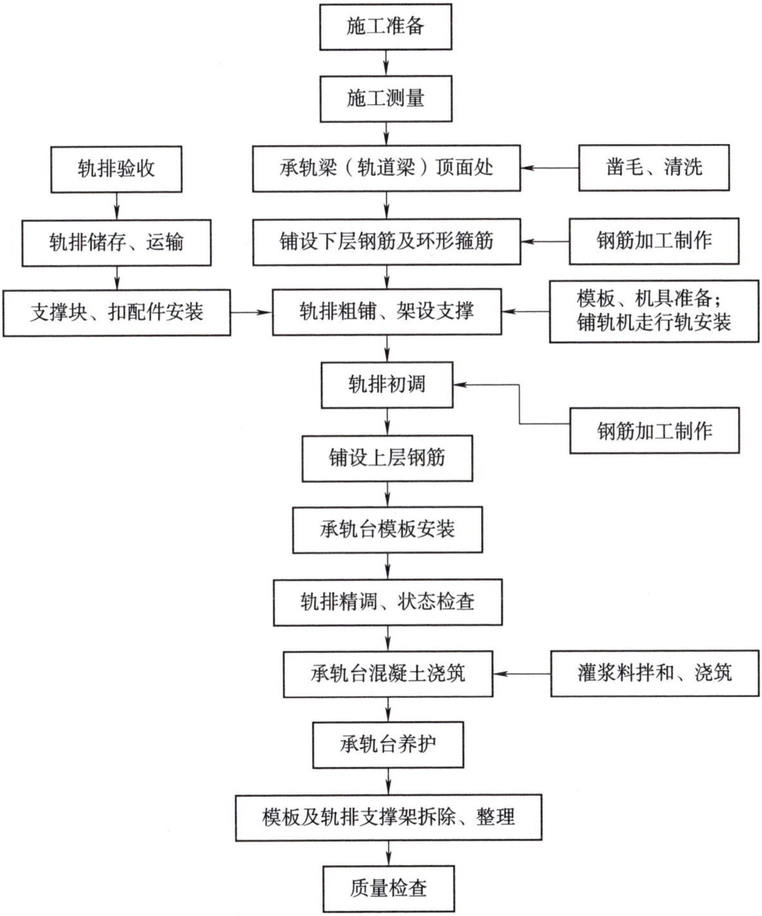

图 5-2 轨道施工流程

5.3.2 施工准备

（1）线路交接

轨道工程施工之前，先与线下单位进行对接，对轨道梁中线、高程等技术指标进行验收，并完善相关交接手续。对轨道梁面预埋钢筋不满足要求的部位进行处理，对伸出轨道梁面过长影响磁浮轨排铺设的钢筋进行裁剪或弯折处理。

（2）施工现场作业平台搭设

目前，国内外中低速磁浮快线多采用箱梁，包含有翼缘和无翼缘箱梁，凤凰磁浮线则首次采用U型梁。无翼缘箱梁的优点是节省工程量，造价低，但缺少作业空间，轨道结构安装不便，U型梁则提供了一定的作业空间。

（3）施工机具及材料准备

提前落实磁浮轨排和支撑块进场计划，选定合适的组装场地和吊车吊装上桥的位置。将轨排支撑架、模板、临时支墩、钢筋等机具材料准备到位，提前吊装上桥，并按要求散布。

（4）铺轨机走行轨安装

采用吊车人工配合将走行轨吊运至U型梁、路基承轨梁基础两侧，走行轨摆放时注意观察走行轨工作边，将走行轨工作边较好的一侧对准轨道铺设机基础中心摆放。不单独铺设道床结构，共用桥梁主梁梁体或低置木支墩垫块作为走行轨道的钢筋混凝土道床板，并按照走行轨支承点布置钢轨加固支撑顶杆。走行轨一般选用24 kg/m钢轨，走行轨木枕纵向布设间距为1 m，在钢轨接头处需要加密，在走行轨两接头处增加一处木枕，调整木枕的高度至确定位置。在区间其余地段布设走行轨时，利用400 mm长的枕木，每隔 1 m 布设一根枕木，将走行轨放置枕木中心位置，然后将走行轨用接头夹板连接，调整顺直即可。走行轨安装完毕后将专用铺轨门吊用吊车吊至走行轨上，并让出放置轨排的位置。

5.3.3 施工测量

磁浮轨道施工需要通过 CPⅢ测量方能满足精度要求，先对 CPⅢ测量进行布网测设，测量成果满足要求后，用于轨道施工控制轨排精调。图 5-3 为 CPⅢ测量工艺流程，承轨梁复测如图 5-4 所示，加密基标测试如图 5-5 所示。

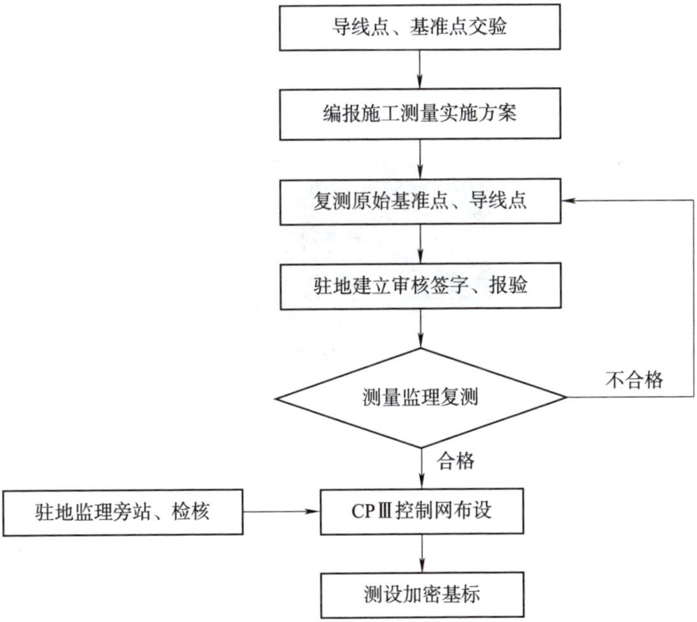

图 5-3 CPⅢ测量工艺流程

图 5-4 承轨梁复测

图 5-5 加密基标测试

5.3.4 承轨梁处理

在轨道工程施工之前，先对轨道梁线位、高程等技术指标进行检查验收，再对承轨梁梁面预埋钢筋不满足要求的部位进行扶正，对承轨梁梁面预埋钢筋缺失及预埋位置不对地段按照要求处理，同时对伸出承轨梁梁面过长的钢筋进行裁剪或弯折处理，对承轨台处部分混凝土表面浮渣凿毛处理，用高压水枪或高压风清理其表面，以确保承轨台和轨道梁能连接为一体。凿毛要轻微细致，深度控制在 10 mm 范围内，即可达到要求，同时把混凝土表面浮浆及松软层全部剔除掉，大部分露出粗骨料，骨料外露 75%即可，承轨梁凿毛处理如图 5-6 所示。

图 5-6　承轨梁凿毛处理

5.3.5　轨排验收、储存、运输

（1）轨排进场应检测轨排的长度、轨距，F 轨是否有明显磕碰及变形，感应板是否有磕碰变形，轨枕间距（抽查），联结螺栓是否有松动，轨排标识是否清晰等项目，轨排验收如图 5-7 所示，并对出厂相关合格证书进行查验、存档。

（2）轨排基地存放轨排时，应搭设存放台位，堆放场地应平整、坚实、排水系统通畅，防护设施齐备。轨排存放场地需便于吊装运输，堆码层间放置相同厚度的垫木，垫木支撑在轨枕上并靠近导轨，且在同一垂直面上。F 轨＋H 型钢枕高度为 260 mm，上下层

图 5-7 轨排验收

轨排支垫采用 400 mm 长方木(宽度 200 mm 与 H 型钢枕宽度相同),每一层轨排高度为 340 mm。轨排堆放需整齐,堆码层数不超过 6 层。

(3) 轨排运输至施工地点计划采用 13 m 长板车运输(图 5-8),运输时底部焊接一个固定轨枕且平整的小平台,考虑施工便道路况较差,一般每 4～6 层为一组,每层间在 H 型钢枕上支垫方木,并加固稳定,防止变形和碰撞感应板。

(4)轨排在现场存放时,要对场地进行平整压实,轨排下方支垫方木进行存放。受条件限制,轨排存放时码放 3 层为宜。

图 5-8　轨排运输

5.3.6　轨排粗铺

（1）在轨排吊装之前先将具有一定刚度的临时支墩摆放于桥下施工部位附近，摆放原则是支墩间距必须使轨排在纵向刚度、挠度允许的范围内。临时支墩高约 50 cm，扣件、锚固螺栓能安装至钢枕为宜。采用支墩时，大约按照 3 m 一道布置，在轨排前后梁端第二个轨枕必须摆放，中间位置对称摆放即可。

（2）根据设计要求，轨排扣件采用 CF-Ⅲa、CF-Ⅲb、CF-Ⅳ型扣件，在轨排放置好后，将预先摆好的支撑块和扣件按照扣件安装图顺序依次采用专用工具进行安装，螺栓扭矩需达到设计标准要求。

（3）根据轨排质量及现场位置环境考虑，起重设备采用 25 t

的吊车，起吊通过钢丝绳将专用轨排吊具吊起（图 5-9），摆放于轨排上，拉住拉杆，将卡槽卡住轨排中间位置的钢枕，利用限位器固定拉杆，防止滑落，确保吊具与轨排牢固连接后，再将轨排吊起，撤出临时支墩或移动组装平台。由专人指挥，具体操作人员将轨排扶住缓缓降落至梁面摆放的临时支墩上，此时要将轨排基本定位于轨排测量放样的位置。平稳放置后，安装钢轨支撑架。

图 5-9 轨排吊装

（4）轨排架设一次宜为 50 m 以上（图 5-10），并用连接器连接前后轨排，保持轨缝对接，轨面和 F 轨工作边不得错牙，初架轨排时用直角道尺和万能道尺并辅以目测将轨排大致定位，在轨排上标出支撑架的位置，布设支撑架，在轨排接头附近支撑架的间距适当调小，支撑架与轨排垂直，不得歪斜，钢轨支撑架横向调节螺栓应位于调程的中间位置附近。

图 5-10 轨排架设

(5)依据测设的轨排控制点，利用直角道尺、万能道尺、水平直尺对轨排的中线、高程、纵向位置、轨缝、相邻轨排错台及错牙等进行初调。采用斜撑齿条式起道机精细调整轨排纵向位置和轨缝，中线位置采用钢轨支撑架横向调节螺栓进行调整，高程采用钢轨支撑架竖向千斤顶进行调整，相邻轨排的错台及错牙采用水平直尺检测，钢轨支撑架调整。

(6)磁浮轨排粗调后，轨排横向、纵向偏差控制在 5 mm 以内，高程偏差控制在 0～−5 mm，轨缝允许偏差±2 mm，相邻轨排错牙控制在 1 mm，相邻轨排错台控制在 0.5 mm。图 5-11 为轨道支撑架示意图。

5.3.7 钢筋、模板安装

轨排初调后，按照设计要求对承轨台的上层钢筋进行绑扎

(图 5-12),上层钢筋的绑扎需注意钢筋位置,确保保护层厚度。

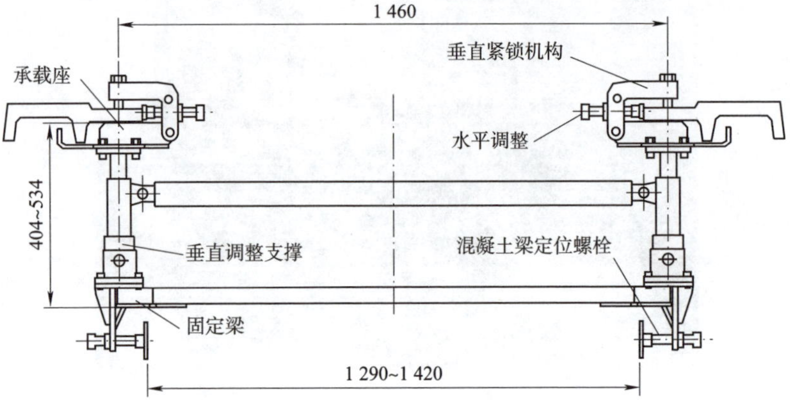

图 5-11　轨道支撑架示意(单位:mm)

图 5-12　钢筋绑扎

根据承轨台尺寸及特点，模板采用丙烯腈-丁二烯-苯乙烯共聚物（ABS 材质）材料加工制作，模板由两块组合而成，考虑在横桥向前后端进行组合拼装，再通过螺栓用扳手拧紧，确保模板组合密贴无缝隙（图 5-13）。针对曲线超高部分，承轨台模板考虑采用顶面加盖以确保曲线段超高线形。模板安装前，在其下部粘贴双面胶，以保证模板与轨道梁面的密贴。安装完成后，检查模板高度是否满足承轨台高度，不满足时采用薄木板进行加高处理，并在模板与钢枕间加入木楔，使其与轨道梁面密贴，并限制模板位移。

图 5-13 承轨台模板

5.3.8 轨排精调

磁浮轨道精调是通过全站仪在 CPⅢ控制网下自由设站，测量安置在F轨排测量定位孔上的精调工装棱镜而获取实时的三维坐标，全站仪在CPⅢ下自由设站，同一测站观测的CPⅢ控制点数不少于4对，剔除不合格CPⅢ点后最低点数不能少于6个CPⅢ点。测量F轨排定位孔时最近距离不应小于8 m，最远距离不应大于40 m。

全站仪采集的三维坐标数据，通过自主开发的磁浮F轨精确测量定位软件实时计算出实测值与理论值的偏差，确定轨排调整量，指导工人利用轨排支撑架进行微调。手摇竖向千斤顶调整轨道高程、高低方向位置，横向螺杆调整轨道水平方向位置，直至将轨道调整至设计状态。轨道精调测量如图5-14所示。

图5-14 轨道精调

为保证磁浮列车行驶时的安全性和舒适性，轨道精调后线路必须达到技术指标，轨道精调允许偏差见表5-1。

表 5-1 轨道精调允许偏差

部 位	允许偏差	检测方法
轨道高程	±1 mm/4 m	全站仪
高低	1 mm/4 m	精调小车/全站仪
	3 mm/10 m	精调小车/全站仪
轨排里程	±5 mm	全站仪全部检查
方向	1.5 mm/4 m	精调小车/全站仪
	3 mm/10 m	精调小车/全站仪
轨缝	±2 mm	卡尺全部检查

5.3.9 承轨台灌浆、养护、拆模清洗

承轨台灌浆料前，要通过精调数据再次检测轨道几何尺寸及支撑架的稳定性，灌浆料采用高强无收缩灌浆料，由运输车将灌浆料运输至桥下，吊车调运至桥面，搅拌机现场进行搅拌后方可进行承轨台浇筑。浆料的运送应与施工进度相适宜，并保证在运送途中不产生破袋、掉落损失等。灌浆料在现场按照厂家提供配合比，用搅拌泵送一体机拌和，拌和时间不得低于 2 min，打开出浆口流至泵送机进行泵送浇筑。一旦发现堵管状态或模板位移时，立即停止浇筑，在灌浆料初凝前完成修整并进行浇筑，如图 5-15 所示。在浇筑过程中加强对支撑块底部及其周围灌浆料的振捣，捣固时避免振捣棒接触轨排与支撑架，插点布置应均匀，不得漏振，振捣过程中需注意轨排几何状态的变化。承轨台灌浆料浇筑振捣密实后，承轨台表面需抹面整平，抹面应平整、无蜂窝麻面，承轨台顶面与支撑块顶面的高差应符合设计要求。

灌浆料浇筑完成后，在平均气温不低于 5 ℃时，在 12 h 内覆盖并浇水养生，浇水养护期不少于 7 昼夜，承轨台养护如图 5-16

图 5-15 承轨台浇筑

所示。根据施工情况也可采用养生膜对灌浆料进行养生，保持灌浆料处于湿润状态。

图 5-16 承轨台养护

在高强灌浆料强度达到 2.5 MPa 以上，且其表面及棱角不致拆模而受损时，方可拆模板，拆卸下来的模板及时清理和修整，以备再用。承轨台达到一定强度再进行支撑架的拆除，拆除的支撑架需轻拿轻放，防止在过程中造成支撑架变形影响下次使用。

5.3.10 质量检查

施工完成后对轨道质量进行全面检查，对局部缺陷及时进行处理。

5.4 道岔安装施工工艺

5.4.1 安装工序

中低速磁浮道岔包括基础、结构件和控制系统三大部分，施工顺序自下而上，道岔安装由基础预埋安装、基础浇筑、道岔梁及台车、驱动装置、锁定装置、控制装置、梁上导轨、涂装、接口、调试验收等部分工程组成，分项工程安装工序见表5-2。

表5-2 分项工程安装工序

序号	分项工程	工　序	详细内容
1	基础部分	道岔安装平台	检查确认道岔平台是否符合图纸和设计要求，确认各控制点是否一致，确认土建钢筋笼与道岔底板是否干涉
		放线	岔前、岔后坐标点，纵横基准线，标高基准线，里程坐标（由业主提供），各凸台底板位置线、支撑脚位置线
		支撑脚安装及粗调	支撑脚位置及安装，材质、规格及防腐，支撑脚底部基坑及固定，与钢筋连接，粗调支撑脚高程
		绑扎钢筋	按设计要求进行绑扎
		调整支撑脚	精确调整支撑脚高程
		道岔底板及台车走行轨安装	道岔底板安装，台车走行轨安装，道岔底板，地脚螺栓，走行轨固定
		基础浇筑、养生	确保混凝土强度符合设计要求，确保质量合格

续上表

序号	分项工程	工　序	详细内容
2	道岔梁及台车	台车安装	台车安装，铰轴连杆的安装，台车与台车间距离、台车与回转中心间距离
		道岔梁安装	按照顺序依次吊装道岔踩梁、主动梁、从动梁，并对线形进行粗调；用经纬仪测量调整梁顶面平面度和高程，用经纬仪测量道岔纵向直线度
3	驱动装置	驱动导槽支架及驱动导槽的安装	驱动导槽支架及驱动导槽的安装，高强度螺栓的安装与紧固
		驱动与传动部分的安装	主电动机、绝缘电阻，主减速机，基准线，中心线偏差，主轴位移，传动轴，滚轮与导槽，行程开关，减速机润滑油，表观质量，紧固件
4	锁定装置	锁定电机与插销	锁定电机启动、制动调试，绝缘电阻、推杆、电机、插销及插销座的安装，电机表观质量测法
		锁定装置行程开关	行程开关规格、动作，与机械结构件协调
		锁定支架及滚轮安装	锁定支架找位、焊接固定，插销与偏心轮间隙，道岔线形，转辙距离，防腐
5	控制装置	控制装置安装	电路符合故障—安全特性、功能要求，满足限界、外观要求
		控制箱及接线盒安装	安装位置及方法，封闭性能，电缆进入口封堵，接地，紧固件防腐，柜体位置
		行程开关安装	行程开关及位置，动作，安装，电缆端口封堵，与机械件协调
		电缆敷设安装	电缆敷设，外观，满足限界，线缆排列、接线，箱柜内电线排列，连接线缆设置，穿线管保护，线槽敷设及端子，铠装电缆敷设，配线，编号
		线槽和线支架安装	槽体，槽盖，表面涂漆，槽体材料

续上表

序号	分项工程	工　　序	详细内容
5	控制装置	穿线管安装	穿线管材料及安装，穿线管质量，弯制，排列及管卡，穿线管位置等
		电源柜安装	外接电源，正常工作时、启动时峰值，电流电压测量，绝缘电阻值，控制装置正常工作电流
6	梁上导轨与活动端	梁上导轨	从动梁导轨一，从动梁导轨二，固定端跺梁导轨，活动端跺梁导轨，Z字形角平分过渡装置
		活动端装置	活动导轨，活动铰座，销轴组件、支承轴组件
7	现场涂装	涂装材料	材料要求
		涂装颜色	道岔外表颜色，构件内表面，补漆
		涂层厚度	梁的走行面、导向面及稳定面涂层厚度，满足防滑要求，道岔其他表面涂层厚度，梁内部涂层厚度
		外观质量	外表面，表面清理，底板和紧固件，涂刷表面防锈，补漆
8	单机调试	功能调试	转辙调试，转辙时间，手控操作模式，现场操作模式，集中控制模式，人工手动模式
		其他调试	电源，解锁、闭锁，电机启动、运转、制动，位置开关，通电，保护，联锁电路
9	线路联调	整体调试	与整个线路信号、控制调试以及整改

5.4.2 重点工序施工方法

(1)基础放线

①找测量人员进行测绘，根据业主给定大地坐标要求确定道岔安装的岔前岔后点及基准标高点，确定道岔安装的基准位置及轨道安装高度。

②依据测绘给定的岔前岔后位置点为基准进行放线，确定道

岔安装的纵横十字线，确定道岔底板安装的中心点、定位点，并做定位点标识。

(2)基础安装

①支撑脚安装：根据施工图和在基础上的放线确定支撑脚位置，焊接支撑角，注意安装结实牢固可靠。根据基准标高和道岔安装后道岔顶面理论标高计算支撑脚高度，使用精密水平仪调整各支撑点到理论高度，并确保各支撑脚水平高度在一个平面上，然后紧固支撑顶点。

②完成一次凸台浇筑及养生。

③完成钢筋绑扎。

④精调支撑脚，确保误差在 2 mm 以内，然后紧固支撑顶点。

⑤底板吊装：利用汽车起重机吊装底板就位，注意对过大的底板应尽量设置多个吊点，以免吊装造成底板变形。

⑥利用水准仪测量底板上轨道高度，通过调整支撑脚的螺栓调整底板的高程以及各底板的高度差及平面度，底板的平面度误差小于等于 2 mm，水平高差误差小于等于 2 mm。

⑦安装道岔底板上地脚螺栓等附设金属构件。

⑧完成浇筑。

(3)道岔梁及台车的安装

①采用水准仪调整垫板精调轨道，确保轨道顶面的水平达到 1.5 mm，各轨道高差误差为 1.5 mm。

②将台车吊装到轨道上，粗找各台车之间的位置距离，将铰轴连杆吊装到位与台车连接。

③用一台 160 t 汽车起重机吊装主动梁架在两台车上，注意确保台车螺栓孔位对正。吊装其余道岔梁(50 t 吊车即可)的顺序如下：从动梁 2→固定端垛梁→从动梁 1→活动端垛梁。

④吊装时，连接好回转中心和梁之间的回转臂，对各梁接头铰

接部位进行联结，并大致对好位置和间隙。

⑤用经纬仪或钢丝绳吊线的方法找正道岔梁，确保道岔梁在直线状态时全线直线度在 3 mm 以内，用水准仪测量道岔梁轨顶面，确保全长水平在 1 mm 以内，梁接头处 0.5 mm 以内，点焊固定回转中心位置。

(4)驱动装置及锁定装置的安装

①吊装减速器(带曲柄)和电机到驱动装置底板相应位置，按设计图纸安装传动轴、安全离合器等传动装置部分，暂不紧固。

②按照厂内试装时的标号取用与该主动梁配套使用的导槽支架及导槽，安装于主动梁上。导槽支架与主动梁之间采用高强度螺栓联结。

③主动梁安装时应直接将驱动装置上的滚轮与主梁上的驱动导槽对正位置，并卡入槽内。

④主梁在直线位置时，调整滚轮与导槽的间隙，在保证该间隙的前提下微调减速机位置并固定，以减速机输入轴调整电机位置，紧固传动部分所有联结螺栓。

⑤安装插销座、电动推杆、插销轴等零部件。

⑥按已预埋的地脚螺栓位置吊装插销座组件，从梁顶吊线找正插销座组件位置，参考直插销调整插销座组件位置及高度，螺栓固定并点焊。

⑦调整偏心轴，调整插销孔间隙，将道岔手动调整到曲线位置后，用同样的办法调整插销孔间隙。

(5)梁上导轨的安装

①按照设计图纸要求安装 Z 字形角平分过渡装置和 F 轨到合适的位置。

②用经纬仪及水准仪测量调整 F 轨直线度、平面度、高程等参数直至符合技术要求为止。

(6)控制柜安装

①将控制柜吊至安装位置,从控制柜底部穿入相应电缆,且电缆在控制柜内预留长度约 1 m。

②用膨胀螺栓将控制柜固定在底座上。

③吊装控制柜顶棚至控制柜顶部安装支架上并连接紧固。

(7)电器配管、配线

道岔梁、台车装配就位后,由电气控制部件安装人员,现场安装走线架和走线槽。安装控制装置接线表,连接锁定装置、转辙电机信号线,接通 380 V、220 V 动力电线。

(8)现场涂装

按照技术要求完成最后一道面漆现场涂装。

(9)道岔机械装置安装检测及允许偏差

道岔机械装置安装检测及允许偏差见表 5-3。

表 5-3 道岔机械装置安装检测及允许偏差

项目	内容		允许误差	示意图
(一)长度	道岔梁全长(直线状态)L		±5 mm	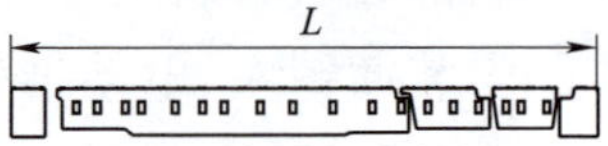
(二)整体线向偏差	F 轨侧向直线度 G(采用钢尺法检测)		2 mm/3 m,3 mm/全长	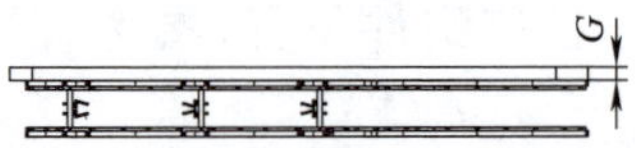
(三)梁走行面整体局部高低偏差	整体高低偏差	在梁上安放水准仪,测定 F 轨磁极面尺寸偏差 H	1.5 mm/全长	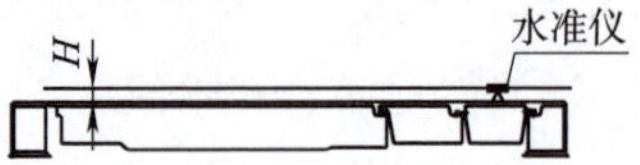
	局部高低偏差	测定 F 轨磁极面尺寸偏差 h	0.6 mm/4 m	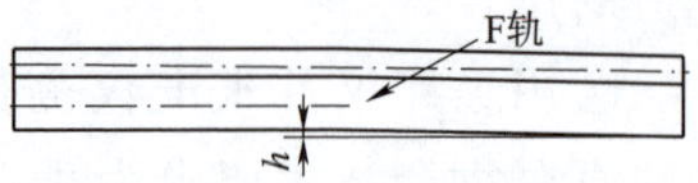

续上表

项目	内　容	允许误差	示意图
(四)连接轨缝	F 轨连接处	2 mm	
(五)错位检测	在直线状态下相邻 F 轨的错位 f	0.5 mm	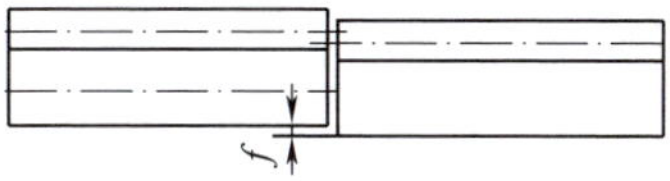
	在直线状态下相邻 F 轨的磁极面的高低差 H_2	0.3 mm	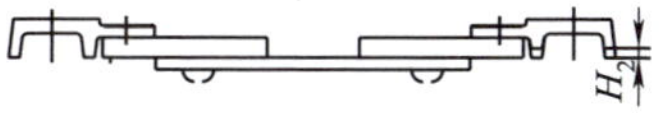
(六)转辙量	检测道岔梁整体向左侧及右侧转辙时，道岔梁顶端的横向位移量 X	±1.5 mm	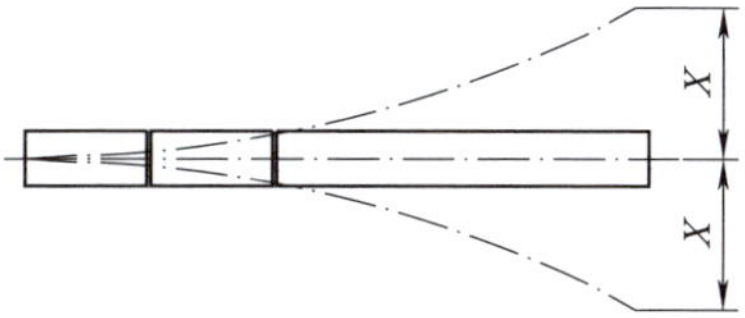
(七)转辙时间	每转辙一条线的时间(从信号发出、解锁、转辙、锁定到回馈信号的全过程)	使用时小于 15 s	
(八)涂装	测试喷涂层厚度	外侧:90%规则；内侧:85%规则	
(九)电测	测试转辙时电流、电压	按设计要求或相关规范办理	

注:90%规则是指允许有 10%的读数可低于规定值，但第一单独读数不得低于规定值的 90%。85%规则是指允许有 15%的读数可低于规定值，但每一单独读数不得低于规定值的 85%。

(10)检查测试

①在完成安装后,在监理工程师参加下,完成所有安装设备的检查和测试。

②检查要求:

设备外观检查:各种设备安装位置正确,固定及接地可靠(现场检查,依据设计图纸核对);开机转辙检查(现场观察):重复道岔转辙,观察有无异常;电控及信号控制设备的施工质量及指标按有关标准和规范逐项检查测试;做好检查记录,填写报检申请单,交质量检查人员进行复核。

5.4.3 接口调试

接口调试包括道岔的调试、接口联调。其中接口的安装和调试需由接口相关各方协商完成。接口调试还要进行道岔参数测试和功能试验,要求所有的被测功能均能符合技术部分的要求。

调试方法有手动调试与电动调试。手动调试即手动进行锁定系统解锁与锁定,测试直插销在解锁与锁定过程中是否卡阻;手摇驱动电机测试道岔转辙器,测试转辙过程中是否平稳、无异响。电动调试即电动解锁、锁定调试,须进行电动试验、连续转辙试验和模拟集中控制转辙试验。注意在调试过程前要检查电路电缆是否正常连接,调试过程中观察道岔运行是否平稳,解锁、锁定、转辙是否正常,转辙时间是否满足要求。所有调试单项完成后进行50次连续转辙试验,确保各项指标满足标准要求。

5.4.4 联调联试

联调联试是指道岔和其他系统(如线路通信信号、车岔耦合振动等)的联合调试,以保证所需联调联试的每组道岔通过其接口达到的系统功能满足要求。线路通信信号调试内容包括:道岔监测信息传输、车控室人工对道岔进行操控、信号系统对道岔进行集中操控。车岔联调要求车辆静浮或以 5 km/h、10 km/h、15 km/h 速度通过道岔时,测试车辆与道岔振动加速度、振幅等响应在容许范围内。

5.5 施工安全技术措施

5.5.1 安全注意事项

(1)由于高架段磁浮轨道的轨道梁面相对较窄,为保证作业人员的人身安全,在轨道工程施工前,先对轨道梁两侧进行安全支护,确保施工人员有足够的操作平台及安全距离。

(2)在桥下相对于桥上的垂直作业区域内的地面上,拉上警戒线,并派防护人员值守,禁止人员进入此区域内,避免因桥上的物品坠落对地面人员造成人身伤害。

(3)高架磁浮轨道施工作业人员必须经过专业技术培训及专业考试合格,持证上岗,并进行定期体检,合格后方可进行高空作业。

(4)高架上作业所用的物料及设备需堆放平稳,不得妨碍通行和装卸,工具随手放入工具袋,作业平台随时清理干净,拆卸下的支撑架等机具、余料和废料及时清理运走,不得任意乱置或者向下丢弃,传递物件禁止抛掷。

(5)雨天和雪天进行高架段施工作业时,采取可靠的防滑、防寒和防冻措施,作业平台上的水、冰、雪、霜施工前必须及时清除。遇有六级以上强风、浓雾等恶劣天气不得进行高空作业,强风及暴雨过后对安全设施进行逐一检查，发现有松动、变形、损坏或脱落现象及时修理完善。

(6)对于高架段磁浮轨道施工时的安全平台及防护栏杆，必须经过受力检验，确保其强度达到有关规范要求方可使用。

(7)隧道地段要充分保障隧道内通信、照明设施满足施工要求。

(8)施工期间，施工车辆将对城市道路交通造成较大的影响。为减轻城市交通的压力和保持正常的运输秩序，主动与凤凰县交通管理部门联系，商定运输方案，确定施工车辆运行路线和时间，在相关通道设限速、禁停等交通标志，并安排专人在主要路口疏解交通，协助交管部门保障交通安全、畅通。无条件服从凤凰县及业主关于道路交通和施工区域交通管理的有关规定和要求，施工车辆不得无故堵塞道路交通，不得沿途抛洒弃土。

(9)对承担轨料及施工机具等运输的司乘人员加强教育，严格遵循交管部门规定的运行路线及时间，遵守凤凰县交通规则及交通管理部门对轨料运输的特殊要求，文明驾驶，确保交通安全。

(10)跨越道路或需占路施工时，提前向交通管理部门递交施工方案，并办理临时占路证、交通施工许可证等相关手续。施工中严格按交管部门规定的路线及时段运行，并按要求留足供其他车辆通行的宽度和人行道，并采取必要的防护措施，避免影响正常交通及人车安全。路上施工人员穿反光服以保证安全。

(11)吊装作业前编制详尽的专项施工组织或施工方案，明确起重吊装安全技术要点和技术措施，轨排装卸、运输时，严禁碰、撞、摔、掷。

(12)吊装工作开始前，应对起重运输和吊装设备以及所用索具、卡环、夹具、卡具、锚碇等的规格、技术性能进行细致检查或试验,发现有损坏或松动现象,应立即调换或修好。发现转动不灵活或有磨损的应及时修理;重要构件吊装前应进行试吊,经检查各部位正常后方可进行正式吊装。

(13)轨排吊装起重设备支腿应支立在稳固的基础上,并检查支腿高差是否符合要求,正式吊装前先试吊一次,并认真观察起吊设备的变化。

(14)连接支撑块螺栓时,先用手入扣,然后采用专用扳手拧入套管中。

(15)安装卸拆扣件时,必须使用专用工具,不允许敲击装卸。

(16)做好机电设备的防雷雨措施,六级以上大风应停止高空作业。现场机电设备要做好防雨、防雷、防漏电措施。

(17)做好夜间施工防护,在作业地点附近设置警示标志,悬挂红色灯,以提醒行人、施工机械和施工人员的施工安全。

(18)各种机械操作人员和车辆驾驶员,必须取得操作合格证,不准操作与操作证不相符的机械;禁止将机械设备交给无本机操作证的人员操作,对机械操作人员要建立档案,专人管理。

5.5.2 环境保护措施

(1)努力把施工对环境的不利影响减至最低限度,确保沿线景观不受破坏,河流水质不受污染,植被有效保护。严格按国家和凤凰县地方政府有关规定及设计要求做好环保、水保工作,防止水土流失和空气污染,控制施工噪声。

(2)施工现场生产、生活房屋及生活设施、原材料堆放处和材料加工场均在规划的区域内进行,尽量避开地面植被和绿化。

(3)施工场地周围预先开挖排水沟,做到排水畅通,场内不得积水、积污,应充分考虑其对原地面排水的影响,以免阻挡地表径流的排泄,影响当地居民的生产生活。

(4)施工营地及施工现场设固定的垃圾桶或垃圾池盛放垃圾,分类标识存放,定期清理,运至指定的垃圾处理场或废品回收利用,不得乱扔、乱倒垃圾。施工场地的遗弃物、废油等集中进行预处理后,采用专用车辆运输至指定的处理厂或存放点。污水须排入当地的排污管道或经集中净化处理后排出,严禁将未达到排放标准的生活污水直接排放至江河及其他水体中。

(5)施工场地和运输道路须定期洒水养护,避免产生扬尘。

(6)生活区及施工场地周围的植物、植被,严禁随意践踏和破坏,并在生活区设立植被宣传保护牌,告示参加施工人员对环境的保护人人有责。

(7)生活区临时工程的修建本着节约用地、方便生活、利于生产、保护植被的原则,统筹安排,合理选址,经业主、当地环保部门审批,主动接受监督检查。

(8)生活区的设置要相对集中,设置必要的公共卫生设施,废水净化池、化粪池,按照环保部门的要求定期清理,避免生活垃圾污染环境。生活固体垃圾集中堆放,适时运至环保部门指定地点,保持驻地清洁。

(9)临时生活设施的修建、拆除时产生的固体废弃物,按照环保部门的要求弃于指定地点处理。

(10)注意夜间施工的噪声影响,尽量采用低噪声施工设备。对距离居民区 160 m 以内的工程,则应根据需要限定施工时间。少数高噪声设备尽可能不在夜间施工作业,必须在夜间从事有噪声污染的施工应先通知附近居民,以征得附近居民的理解,如有可能则采取限时作业措施。

(11)对不符合尾气排放标准的机械设备,不能使用。

(12)做好当地水系、植被的保护工作,在施工时对路基边坡及时进行防护与植被绿化，施工车辆不得越界行驶，以免压坏植被、庄稼、乡村道路等。

（13）建立“三级”检查落实制度：领导层抓全面，管理层抓重点，实施层抓具体落实。

（14）严格按照施工组织设计有关文明施工要求组织施工，达到当地安全文明工地标准。

6 中低速磁浮工程质量验收

6.1 基本规定

(1)工程施工现场质量管理应有相应的施工技术标准、健全的质量管理体系和施工质量检验制度,具体要求如下:

①土建工程开工前的施工现场质量管理检查记录应由施工单位在施工前按规定填写,总监理工程师(建设单位项目负责人)进行检查,并做出检查结论。

②设备安装工程开工前的施工现场质量管理检查记录应由施工单位在施工前按规定填写,总监理工程师(建设单位项目负责人)进行检查,并做出检查结论。

(2)工程应按下列规定进行施工质量控制:

①工程采用的主要材料、构配件,施工单位应对其外观、规格、型号和质量证明文件等进行验收,并经监理工程师检查认可。

②工程采用的主要设备,施工单位应对其外观、规格、型号和质量证明文件等进行验收,并经监理工程师检查认可。

③凡涉及结构安全、节能、环境保护和使用功能的试件、试块、材料或产品,应按各专业施工规范、验收规范和设计文件等规定进行复检,并应经监理工程师检查认可。

④各工序应按施工规范和技术标准进行质量控制,每道工序完成后,施工单位应进行检查,并形成记录。

⑤工序之间应进行交接检验，上道工序应满足下道工序的施工条件和技术要求。相关专业工序之间的交接检验应经监理工程师检查认可，未经检查或经检查不合格的不得进行下道工序施工。

(3)工程施工质量应按下列要求进行验收：

①工程施工质量应符合《湖南省中低速磁浮交通工程质量验收标准》(DBJ43/T 201—2017)和相关专业验收规范的有关规定。

②工程施工质量应符合工程勘察、设计文件的要求。

③工程施工质量的验收均应在施工单位自行检查合格的基础上进行。

④检验批的质量应按主控项目和一般项目进行检验。

⑤隐蔽工程在隐蔽前应由施工单位通知监理单位进行验收，并应形成验收文件。

⑥涉及结构安全的试块、试件、现场检验项目，监理单位应按规定进行平行检验或见证取样检测(见证检测)。

⑦土建工程中涉及结构安全和使用功能的重要分部工程应进行抽样检测。

⑧设备安装工程中涉及行车安全的分部工程，应逐项由施工单位和监理单位进行平行检验。

⑨单位工程的观感质量应由验收人员通过现场检查共同确认。

⑩承担见证取样检测及有关结构安全检测的单位应具有相应的资质。

⑪参加工程施工质量验收的各方人员应具备规定的资格。

⑫所有系统工程之间和系统工程与各分部工程之间的接口部分，均应在系统联调之前，由监理工程师和施工单位负责人检查认可，未经检查认可的不得进行系统联调。

6.1.1 工程质量验收的划分

工程施工质量验收可划分为单位工程（子单位工程）、分部工程（子分部工程）、分项工程和检验批。

土建工程的单位（子单位）工程可划分为：站房工程、车辆段（附属楼、综合维修中心、洗车机棚及污水处理站）、桥梁工程、低置结构工程、区间变电所。设备安装工程的单位（子单位）工程可划分为：外电源线路、供电系统工程、接触轨工程、信号系统工程（正线、车辆段）、轨道工程、道岔安装工程、通信工程、站台门安全门、电梯、人防系统、导向标志系统、自动化控制系统工程（BAS、FAS、安防系统、办公自动化、综合布线）。土建工程和设备安装工程的分部工程（子分部工程）、分项工程的划分详见《湖南省中低速磁浮交通工程质量验收标准》（DBJ43/T 201—2017）附录 A、B。分项工程宜按工种、工序、材料、施工工艺等划分。检验批可根据施工及质量控制和验收需要按施工段或部位等划分。

6.1.2 工程质量验收

（1）检验批的质量验收应包括如下内容：

①实物检查

原材料、构配件等的检验，应按进场的批次和产品的抽样检验方案执行；混凝土强度等，应按国家现行有关标准和本标准规定的抽样检验方案执行；对设备的检验，应按进场批次和产品的抽样检验方案执行；本标准中采用计数检验的项目，应按抽查总点数的合格点率进行检查。

②资料检查

应包括原材料、构配件和设备等的质量证明文件（质量合格证、规格、型号及性能检测报告等）和检验报告、施工过程中重要工序的自检和交接检验记录、平行检验报告、见证取样检测报告，隐蔽工程验收记录等。

(2)检验批合格质量应符合下列规定：

①主控项目的质量经抽样检验全部合格。

②一般项目的质量经抽样检验合格。当采用计数抽样时，合格点率应符合有关专业验收标准的规定，且不得存在严重缺陷。对计数抽样的一般项目，正常检验一次、二次抽样可按《建筑工程施工质量验收统一标准》(GB 50300—2013)的第3.0.8条的第2款规定执行。对有允许偏差的抽查点，除有专门要求外，合格点率应达到80%及以上，且不合格点的最大偏差不得大于允许偏差的1.5倍。

③具有完整的施工操作依据、质量检查记录。

(3)分项工程质量验收合格应符合下列规定：

分项工程所含的检验批均应符合合格质量的规定，质量验收记录应完整。

(4)分部工程(子分部工程)质量验收合格应符合下列规定：

①分部工程所含分项工程的质量均应验收合格。

②质量控制资料应完整。

③地基与基础、主体结构、子系统或单机等分部工程中有关安全及功能的检验和抽样检测结果应符合有关规定。

④有关行车安全的检验和抽样检测结果应符合有关规定。

⑤观感质量验收应符合要求。

(5)单位工程(子单位工程)质量验收合格应符合下列规定：

①单位工程所含分部工程的质量均应验收合格。

②质量控制资料应完整。

③单位工程所含分部工程有关安全和功能的检测资料应完整。

④主要功能项目的抽查结果应符合相关专业质量验收标准的规定。

⑤观感质量验收应符合要求。

(6)当工程施工质量不符合要求时,应按下列规定进行处理:

①经返工或返修的检验批,应重新验收。

②经有资质的检测机构检测鉴定能够达到设计要求的检验批,应予以验收。

③经有资质的检测机构检测鉴定达不到设计要求,但经原设计单位验算后能够满足安全和使用功能的检验批,可予以验收。

④经返修或加固处理的分项、分部工程,满足安全及使用功能要求的,可按技术处理方案和协商文件的要求予以验收。

经过返修或加固处理仍不能满足安全和使用要求的分部工程、单位工程,严禁验收。

6.2 车辆验收

车辆验收的目的在于车辆组装完成后投入使用前,通过检查、试验达到下列要求:

(1)车辆型式试验的结果与用户同制造商双方签订的合同相符合。

(2)每辆通过例行试验的车辆与型式试验验证的设计标准相符合。

(3)《湖南省中低速磁浮交通工程质量验收标准》(DBJ43/T 201—2017)不包括用以验证耐久性或可靠性的试验项目。

6.2.1 检验与验收范围

检验与验收范围:所有提供的设备、材料和系统的检查与验收必须满足合同要求。检验的主要部件包括:悬浮系统、车体及内部布置、车钩与缓冲器、车门系统、照明、空调、悬浮架、牵引系统、制动和风源系统、辅助系统、列车控制和诊断系统、车载通信和乘客信息系统。

主要部件应根据合同要求完成型式试验和例行试验,具体要求应符合表6-1要求。

表6-1 主要部件型式试验和例行试验清单

序号	部　　件	型式试验	例行试验
1	车体	√	
2	内装		
2.1	前窗玻璃抗穿透性试验	√	
2.2	前窗玻璃加热性能	√	
2.3	客室座椅强度试验	√	
2.4	司机室座椅功能试验	√	
2.5	地板布性能试验	√	
3	贯通道	√	
4	客室侧门	√	
5	车钩及缓冲装置	√	
6	悬浮架		
6.1	空气弹簧	√	
6.2	悬浮架模块	√	
7	风源系统	√	√
8	制动系统	√	√
9	牵引系统		
9.1	高压电器箱	√	

续上表

序号	部　　件	型式试验	例行试验
9.2	电抗器箱	√	
9.3	牵引逆变器	√	
9.4	直线感应电机	√	
9.5	司机控制器	√	√
10	辅助供电系统		
10.1	辅助逆变器	√	
10.2	蓄电池	√	
10.3	悬浮电源	√	
10.4	110 V 充电机	√	
11	悬浮系统		
11.1	悬浮控制器	√	√
11.2	悬浮传感器	√	√
11.3	悬浮电磁铁	√	
12	列车控制和诊断系统	√	√
13	空调系统	√	
14	车载信号与通信设备	√	√
15	乘客信息系统	√	
16	照明系统	√	√
17	烟雾报警系统	√	√
18	受流器	√	

部件和整车的验收证明文件，包括型式试验报告、例行试验报告、合格证、车辆履历表、发运前检查报告、开箱检查报告、证明材料等。整车试验项目应符合表 6-2 的内容。

表 6-2 整车试验项目

序号	名 称	型式试验	例行试验
1	静止状态机械试验(包括限界检查)	√	√
2	称重试验	√	
3	客室车门试验	√	√
4	耐压试验	√	√
5	辅助供电系统试验	√	√
6	主电路电气设备操作试验	√	√
7	噪声测量	√	√
8	接地和回流电路接线检查		√
9	悬浮性能试验	√	√
10	压缩空气设备密封性和运转试验	√	√
11	制动系统试验	√	√
12	车底设备通风冷却系统检查	√	√
13	乘客舒适性设备检查	√	√
14	空调系统试验	√	
15	车辆采暖试验	√	
16	照明试验	√	
17	车体和外部设备箱体水密性试验	√	√
18	安全措施和安全设备检查		√
19	运行平稳性试验	√	
20	运行试验	√	
21	牵引能力和制动能力试验	√	
22	制动线路运行试验	√	√
23	受流器试验	√	√
24	整车 EMC 试验	√	

续上表

序号	名　　称	型式试验	例行试验
25	供电中断试验	√	
26	列车广播系统试验	√	√
27	故障诊断系统试验	√	√
28	第一列车运行试验	√	

6.2.2 检验和验收程序

整车、部件、材料等的检验和验收程序，须符合国家相关法律法规的要求，满足合同的相关规定，主要过程包括工厂检验、到段检验、预验收、联调和最终检验。车辆供应商应根据合同要求，在车辆制造现场、部件制造厂和有资质的测试机构或试验场所进行整车及部件的试验和检验工作。最终用户或其授权代表有权在上述范围内，参加检验和试验，并对整车和部件实施验收。

6.2.3 工厂检验

(1)零部件试验

车辆供应商应根据合同所述的标准和要求，对所有要安装到车辆上的设备和材料进行检查、试验；对所有零部件进行例行检查、试验；对主要部件进行型式试验。试验方法、计划、试验报告和试验记录应交最终用户确认。

(2)列车试验

①当列车在车辆供应商工厂装配和安装完后，车辆供应商应按合同的规定进行列车的试验。首列车进行列车例行试验和型式试验；批量车进行列车例行试验。

②所有试验除合同另有规定外，都应在车辆供应商或其分包

工厂进行。最终用户人员应参加在车辆供应商或其分包工厂进行的例行试验和型式试验。试验报告应由最终用户人员和车辆供应商人员共同签字以证明试验按试验程序进行并获通过。

(3)首件检查(first article inspection,FAI)和首列车检查(first train inspection,FTI)

①车辆的主要部件和整车,必须进行型式试验或按合同提交试验报告,试验地点应在车辆供应商或最终用户双方认可的地方进行。试验前车辆供应商应根据合同要求提出型式试验大纲交最终用户确认。

②型式试验的部件至少应包括:车体、制动系统、车门、VVVF主逆变器、辅助逆变器、悬浮电源、直线电机、蓄电池、空气压缩机组、空调系统、列车控制和诊断系统、受流器、车钩、贯通道、高速断路器和空气弹簧等。

③型式试验的产品为1台,主要功能全部达到规定值时则视为合格。如果某项试验的条件、内容、程序、测量、记录和报告等主要项目不符合合同或试验大纲的要求,须重做该项试验。4FAI报告和部件、列车型式试验报告的确认应满足合同的要求。有最终用户人员参加的试验,试验记录必须经最终用户人员签字确认。

首列车运行试验(first train run test,FRT),应完成所有例行试验和部件型式试验。

(4)首列车试运行(first column car test operation,FTO)

首列车试运行FTO将在首列车预验收(vehicle pre-acceptance,PAC)后由最终用户进行。首列车通过验收后,将在最终用户线路上进行5 000 km的试运行。试运行考核的结论应由双方共同对照车辆技术规格书的要求得出。必要的改进计划宜由车辆供应商提出,并应由最终用户认可。改进后的部分应进行运行考核,试验的计划和内容由双方根据现场情况讨论决定。

(5)工厂生产检查(factory production inspection,FPI)

最终用户将派人员到车辆供应商的工厂、试验场地对车辆主要部件的制造、组装和例行试验,以及整车的制造、例行试验和调试等生产过程进行检查。检查的主要内容应为:部件及整车的生产是否符合车辆技术规格书提出的要求,部件及整车的生产是否符合设计审查图纸要求,部件及整车的安装是否符合车辆技术规格书提出的要求。车辆供应商必须向最终用户人员提供必要的技术文件、设计图纸。组装后的列车进行例行试验时,必须提前通知最终用户人员参加。

6.2.4 发运前检验

列车在生产调试完后,最终用户参加发运前检查(pre-shipment inspection,PSI),应由最终用户和车辆供应商双方授权代表在发运前检查报告上签字。在车辆供应商进行的列车试验完成后装运前,最终用户要进行发运前检验。发运前检验按合同和相关标准的规定进行。发运前检验应在车辆供应商工厂或车辆供应商试验轨道上进行。每列车在发运前,车辆供应商应做出安排,由最终用户的检验人员进行出厂前检验。检验时发现的所有质量问题都要进行修正,最终用户人员要在检验报告中确认此修正。发运前检验完成并通过后,双方人员应签署“发运前检验报告”。

6.2.5 到段检查

列车和其他设备及技术文件运抵规定的到货地点后,应由双方人员共同对其进行检查,并认真做好记录。到货的列车应满足内外清洁、无损伤;完成编组和配置及相关调试试验;合同所要求的随车文件和技术文件资料应齐全。其他设备和技术文件，最终用户人员对其进行开箱前检查以证实：满足“包装与装运”对包装的要求；外观良好，运输途中未受损；编号、数量和名称与车辆供应商装运前通知最终用户的货物清单相一致。

6.2.6 预验收

车辆供应商按合同的规定协助最终用户进行验收。对列车预验收程序包括以下步骤：正常操作检查，列车试行，签发预验收证书。正常操作检查：车辆供应商在到段对列车做完再调试后，最终用户进行正常操作检查，检查结果记录在预验收报告中。试运行在最终用户的线路上进行，首列车运行距离为 5 000 km，其他批量车为 200 km。试验时如果列车运行正常，不需要更换主要部件，则该列车可视为合格。否则必须重新进行试运行，直到成功。试运行由车辆供应商负责，最终用户协助。

最终用户应根据以下图纸和文件资料进行检查与验收：车辆技术规格书，车辆技术规格书中规定的技术标准，设计联络中双方确定引用的技术标准，设计联络中双方确认的图纸、资料、技术文件，在执行合同过程中经双方确认更改的部分，其他一些经双方签字确认的备忘录。正常操作检查和试运行成功后，最终用户签发预验收 PAC。

(1)首列车的预验收

①首列车到段经调试后，应做预验收检查。检查项目和条件由双方讨论后确定。

②到段进行的全部验收检查应由最终用户负责执行。车辆供应商参与并应提供必要的协助。

③预验收检查最终通过后，车辆供应商将提交列车整车的试验报告、车辆履历本、发运前检查报告及随车附件，由最终用户认

可。预验收报告由双方签字。

④最终用户根据预验收报告向车辆供应商发放预验收证书。

(2)后续列车的预验收

①车辆供应商应在完成列车的全部例行试验项目，经最终用户人员做发运前检查并签字认可后发运。

②列车到段完成再调试后，最终用户将对列车作预验收检查。试验和检查应在 AW0 载荷的条件下进行，最后的试验项目和内容由双方根据现场情况讨论修改和确定。

③车辆供应商将随同列车提交该车的整车例行试验报告、车辆履历本、出厂前检查报告、到段后的调试报告及随车附件。

④试运行时列车按照实际运营的方式运行：启动加速至 100 km/h、惰行、制动到停车，各站开关车门、报站广播。记录所有发生的故障。

⑤试运行通过后，预验收报告由双方签字。

⑥最终用户根据预验收报告向车辆供应商发放预验收证书。

6.2.7 联　　调

在各列车调试并签发预验收证书后，车辆供应商应参加全线的联调，以保证参加联调的相关项目通过接口达到合同要求的系统功能。车载信号设备功能与列车的接口检查。联调中对试验车辆系统和其他相关系统的接口进行检查，通信、信号、限界、供电、受流轨、站台门、轨道、道岔等系统的调试小组将与最终用户一起完成调试工作。车辆与所有其他相关系统的接口检查(包括不同故障模式)应在联合试验中进行。车辆供应商调试人员应协助完成所在段的联合试验，对其有关的供货范围负责。联调中，信号与车辆的接口调试与管理由信号供应商负责，车辆供应商负责配合。

6.2.8 最终交付

最终用户须于专用合同条款“保证”规定的正常质量保证期结束后签署最终交付证书。若最终用户认为调试、检验、验收中出现的细小疏漏和错误不影响最终交付证书的签署，最终用户应签署最终交付证书并注明存在的疏漏和错误。在此情况下车辆供应商应采取措施对存在的疏漏和错误(包括潜在的)进行修正，并在双方协商确定的期限内完成。如果列车存在不严重影响列车功能的缺陷，最终用户可发放车辆最终验收(vehicle final acceptance, FAC)，并注明存在的缺陷或不符合之处。在此情况下，车辆供应商须修正所有缺陷和不符合之处，须在双方协商确定的期限内完成。

6.3 轨道验收

轨道结构应具有足够的强度、稳定性、耐久性和适量弹性，确保列车安全、平稳、快速运行。轨排轨距应为 1 860 mm，轨排应满足中低速磁浮交通工程的线路条件要求。全线轨排应采用统一形式，在满足轨道功能前提下，结构力求简单，其构件宜采用标准件，装卸方便，以便于施工及维护。轨排加工制造应采用成熟、先进的技术和施工工艺，同时兼顾经济性。轨排应按照规定程序批准的设计图纸和技术条件制造和验收。图纸和设计文件未规定的线性和角度尺寸公差等级应符合《一般公差　未注公差的线性和角度尺寸的公差》(GB/T 1804)中 C 级规定，形位公差的未注公差等级应符合《形状和位置公差　未注公差值》(GB/T 1184)中 K 级规定。

轨道以轨排为单元进行铺装，轨排铺轨前应具备以下条件：

(1)设计文件齐全，图纸经过会审。

(2)施工专项方案已审批并进行技术交底。

(3)线下结构验收合格并进行交接。

(4)轨道测量控制网(CPⅢ)已测设完成或铺轨基标敷设完毕。

(5)施工区段内供电、供水、照明和场地条件满足要求。

(6)施工机具齐备并已进行检查调试。

6.3.1 轨排的制造与组装

6.3.1.1 F轨

1.F型钢轧制胚料

(1)技术要求

F型钢的材料符合现行行业标准《中低速磁浮交通轨排通用技术条件》(CJ/T 413—2012)的规定。F型钢所选择的钢种的饱和磁通密度不应小于1.4 T。

形位公差应符合以下要求:长度允许公差为0～+50 mm;弯曲度、扭曲度及平面度:F型钢的每米弯曲度不大于2.5 mm;全长不大于10 mm。轨面平面度每米不大于1.5 mm;F型钢的端头应锯切正直。

表面质量要求:轧制型钢材表面不应有结疤、裂纹、夹杂和折叠,钢材周边不应存在锯齿形凹凸,钢材其麻坑、轧痕、压痕、刮痕深度不得超过标准要求的负偏差。

交货状态要求:F型钢以热轧状态交货。

包装、标记及质量证明应符合以下要求:标记所示内容应包括轧制炉批号、生产日期、质量与规格。

所有轧制型材应按炉(批)号附有坯料供应钢厂质量证明书。

(2)进厂检验

F型钢坯料进厂后,应查验出厂质量证明书,并按照合同要求和现行的相关标准进行几何尺寸、外观、化学成分、力学性能验收，详细记录复验检查数据。

①进厂 F 型钢坯料必须进行取样复验：每一个炉号组成一个检验批，进行化学成分和力学性能复验，复验结果必须符合订货合同、相关标准和技术要求。复验合格后，按照每批 1% 数量对几何尺寸及表面质量进行验收。

②钢厂提供的 F 型钢坯料应附有合格的原始质量检验证明书，质量检验证明书必须完整、有效，能反映数(质)量、规格型号、批次、熔炼炉号等主要相关信息。

③对 F 型钢毛坯件材料的外形尺寸、形位公差进行验收。对于不符合项，可按照“包络原则”进行判定，即：对于超差项点，但不影响后续机加工工序者，可让步接收。

④检验完成后，做好相应记录。检验方法及工具见表 6-3。

表 6-3　F 型钢毛坯进厂检验方法及工具

序号	检验项目	检验方法	工　　具	备注
1	长度	钢卷尺直接测量	钢卷尺	
2	截面形状	设计专用样板	专用样板	
3	截面尺寸	直接测量	游标卡尺、2 m 钢卷尺	
4	弯曲度	用专用绷线架绷线测量	专用绷线架	
5	扭曲度	用 1 m 平尺在平台进行	平台、1 m 平尺、塞尺	
6	平面度	用 1 m 平尺在平台进行	平台、1 m 平尺、塞尺	
7	表面质量	目测＋测量	深度尺	

(3)存放管理

F 型钢毛坯应使用垫木与地面隔离分层码放，一般不超过 8 层，F 型钢毛坯间应设置支垫，支撑点间隔不大于 4 m，各层支撑点上下垂直对位。厂内存放要有标识，做好炉批号的可追溯性记录。

2. F 型钢机械加工

(1)机械加工要求

F 型钢机械加工应符合设计图纸要求。

(2)检验方法及工具

F 型钢机械加工检验方法及工具应按表 6-4 进行。

表 6-4　F 型钢机械加工检验方法及工具

序号	检验项目	检验方法	工　具	备注
1	断面各尺寸	在检验平台上用常规量具进行检验	平台、游标卡尺、万能角度尺、深度尺、R 规等	
2	表面粗糙度	目测	粗糙度样板	
3	截面形状	专用样板测量	专用样板	
4	形位公差(平面度、平行度、扭曲、弯曲)	在检验平台上，用平尺、高度尺、塞尺、专用绷线架进行测量	检验平台、平尺、塞尺、专用绷线架	
5	曲轨的曲线线形	采用测量弦矢高的方法进行测量	专用绷线架、游标卡尺	

(3)成品检验频次

首件 F 轨加工检验合格后，后续生产要做好加工设备和工艺保障，数控机床上加工完成的 F 轨机加工成品，应按以下要求进行抽检：

直轨：每 10 根抽检 1 根(即：10%)进行成品检验，不足 10 根检验 1 根。

曲轨：按生产数量连续累积每 10 根抽检 2 根(即：20%)进行成品检验，不足 10 根检验 1 根。

（4）曲轨检测

曲轨的线形应由数控机床来保证。加工后，应采用测量弦矢高来校核曲线线形。

3. F型钢的涂装及标识

（1）表面及结合面的处理要求：涂装前钢材表面除锈应符合设计要求和国家现行有关标准的规定，对机械加工表面，涂装前应进行脱脂净化预处理，处理后的钢材表面不应有灰尘、油污、水和毛刺等。涂装前进行除锈处理，并符合《涂覆涂料前钢材表面处理　表面清洁度的目视评定　第1部分：未涂覆过的钢材表面和全面清除原有涂层后的钢材表面的锈蚀等级和处理等级》（GB/T 8923.1）中Sa2.5除锈等级。

（2）涂装要求：涂层技术条件应符合《建筑钢结构防腐蚀技术规程》（JGJ/T 251）的规定。漆膜厚度测定应符合《色漆和清漆　漆膜厚度的测定》（GB/T 13452.2）的规定。F型钢的悬浮检测面的涂层厚度要一致且均匀。F型钢外肢腿两侧面的涂装应符合设计要求。

（3）涂层检验及记录要求：涂装过程应包括除锈工序、涂装工序。

（4）F型钢的标识要求：成品F型钢应带有编号标识（区分左右），且标于F型钢两端明显位置。

（5）F型钢编号宜按以下规定进行：车辆段F轨编号：DL（1～6）BK××-××Z（Y），如：DL1BK01-01Z、DL1BK01-01Y、DL2BK01-01Z、DL2BK01-01Y。出入线F轨编号：CLBK××-××Z（Y），如：CLBK01-01Z、CLBK01-01Y。主线F轨编号：Z（Y）BK×××-××Z（Y），如：ZBK001-01Z、ZBK001-01Y、YBK001-01Z、YBK001-01Y。

注：F轨编号规则为轨排编号尾加Z或Y组成。Z代表左，Y

代表右；面向线路里程方向，左侧为左，右侧为右。

4. 铝感应板

感应板的断面应符合设计图纸要求。无标注公差等级应符合《一般工业用铝及铝合金挤压型材》(GB/T 6892)普通级的规定。铝感应板上表面平面度不大于0.5 mm/2 000 mm。

(1)技术要求

铝感应板材料应符合《一般工业用铝及铝合金挤压型材》(GB/T 6892)要求，力学性能应符合表6-5要求。

表6-5 铝感应板力学性能

抗拉强度/MPa	屈服强度/MPa	伸长率
≥110	≥80	≥8%

铝感应板的主要技术参数应符合以下要求：

铝感应板导电率：不大于60%IACS(20 ℃)；密度在20 ℃时应为2.69×10^{3} kg/m^{3}；热膨胀系数在20～100 ℃时为23.5×10^{-6} k^{-1}；铝感应板用铝型材应用阳极氧化法对材料表面进行处理，氧化层表面处理应符合《铝合金建筑型材 第2部分：阳极氧化型材》(GB/T 5237.2)规定的AA15级，氧化膜厚度≥15 μm。

铝感应板入厂检验：铝感应板进厂后，应查验出厂质量证明书，并按照合同要求和现行的相关标准按每批次1%数量进行几何尺寸、外观复验，详细记录复验检查数据，铝感应板进厂检测方法及工具见表6-6。

表6-6 铝感应板进厂检测方法及工具

序号	检验项目	检验方法	工　具	备注
1	长度	钢卷尺直接测量	钢卷尺	
2	截面尺寸	直接测量	内槽检验卡板	

续上表

序号	检验项目	检验方法	工　　具	备注
3	平面度	用 1 m 平尺在平台上进行	平台、1 m 平尺、塞尺	
4	弯曲度	用专用绷线架绷线测量	专用绷线架	
5	表面质量	目测		

铝感应板在直线段的配置：12.5 m 轨排应采用 3.12 m×4 块组合，10 m 轨排应采用 3.33 m×3 块组合；曲线段应按表 6-7 配置。

表 6-7　曲线轨排感应板单块配置长度

名称	轨排长度(曲)/m	适用名义曲线半径/m	弦高值/mm	感应板单块配置长度/m
1	12.5	(左)1 495 及以上(右线)	0.87	3.13
2	10		0.93	3.34
3	12.5 或 10	995.6～1 004.4	0.98	2.51
4	12.5	195.6～800	0.86	1.16
5	10			
6	5			
7	10 或 5	154.4 以下	0.92	0.84

两感应板之间的接缝为 0.5～2 mm。

(2)铝感应板与 F 型钢的连接

铝感应板应通过顶面固定螺钉、侧面销钉以及粘结剂与 F 型钢连接，固定螺钉采用符合《十字槽沉头螺钉　第 2 部分：8.8 级、不锈钢及有色金属螺钉》(GB/T 819.2)标准的 M6×14 不锈钢十字槽沉头螺钉。销钉采用符合《圆柱销　不淬硬钢和奥氏体不锈钢》(GB/T 119.1)标准的 5×20-A1 奥氏体不锈钢圆柱销。

(3)粘结剂技术参数与施工

粘结材料应选用 4060F-BS 缩合型粘结密封硅橡胶,粘结剂固化后性能及检验方法应符合表 6-8 要求。

表 6-8 粘结剂固化后性能及检验方法

项目	指标	检验方法
拉伸强度/MPa	≥1.5	见《硫化橡胶或热塑性橡胶 拉伸应力应变性能的测定》(GB/T 528—2009)
剪切强度/MPa	≥1.5	见《胶粘剂 拉伸剪切强度的测定(刚性材料对刚性材料)》(GB/T 7124—2008)
断裂伸长率	≥150%	见《硫化橡胶或热塑性橡胶 拉伸应力应变性能的测定》(GB/T 528—2009)
硬度(Shore-A)	≥30	见《硫化橡胶或热塑性橡胶 压入硬度试验方法 第1部分:邵氏硬度计法(邵氏硬度)》(GB/T 531.1—2008)

铝感应板进行预装,配置螺钉。F 轨感应面应去除浮尘。双组分粘结剂必须按配置比例均匀拌和。粘结剂涂敷在铝感应板内侧,用涂抹板控制涂层厚度 0.5 mm。覆盖在 F 轨感应面上后可用固定螺钉进行定位,螺钉在安装前必须涂厌氧胶。用压板进行临时压紧,安装销钉。

5. F 轨平面度检测

铝感应板安装后,检测 F 轨外侧导轨的总高度 $100^{+0.3}_{-0.5}$ mm(不包括磁极面的漆膜厚度)。上表面采用 1.5 m 钢直尺在两排固定螺钉间进行检测,间隙值≤1 mm。

6.3.1.2 轨枕

1. H 型钢坯料验收

(1)技术要求

H 型钢的材料可采用符合《碳素结构钢》(GB/T 700)的 Q235D 碳素结构钢或采用耐候结构钢,验收 H 型钢毛坯件材料的外形尺寸、形位公差及验收。H 型钢截面尺寸、公差、外形如图 6-1 所示。

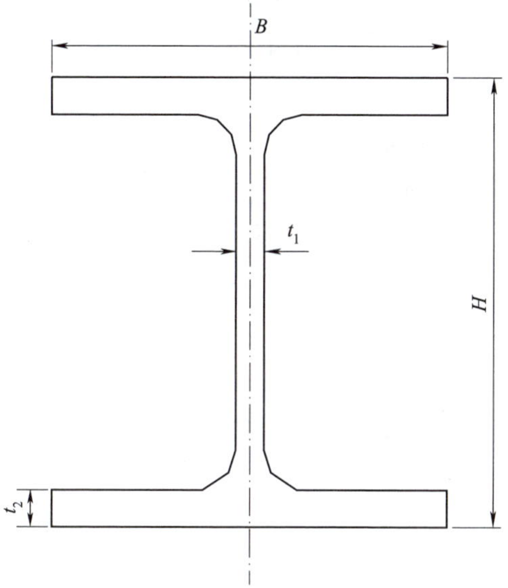

H—H 型钢高度；B—H 型钢宽度；t_1—H 型钢腹板厚度；t_2—H 型钢翼缘厚度。

图 6-1　H 型钢轨正断面示意

H 型钢的公差要求应按《热轧 H 型钢和剖分 T 型钢》(GB/T 11263)执行，应符合表 6-9 的要求。H 型钢的端头应锯切正直。

表 6-9　H 型钢参数及极限偏差

尺寸/mm					截面面积/mm^2	理论质量/(kg/m)
截面代号	H	B	t_1	t_2		
基准尺寸	230	200	20	20	11 993	94.15
极限偏差	±2.0	±3.0	±1.0	±1.5	—	—

表面质量要求：轧制型钢材表面不应有结疤、裂纹、夹杂和折叠；周边不应存在锯齿形凹凸；其麻坑、轧痕、压痕、刮痕深度不得超过标准要求的负偏差。

交货状态：H 型钢材以热轧状态交货。

包装、标记及质量证明：标记所示内容应包括生产批号、生产日期、质量与规格。

(2)进厂检验及验收要求

H 型钢进厂后，应查验出厂质量证明书，并按照合同要求和现行的相关标准进行几何尺寸、外观、化学成分、力学性能及探伤复验和验收，做好复验检查数据记录。

钢厂提供的 H 型钢应附有合格的原始质量检验证明书，质量检验证明书必须完整、有效，能反映数(质)量、规格型号、批次、熔炼炉号等主要相关信息；进厂 H 型钢必须按合同要求和标准，按炉批号进行取样复验，每一个炉号组成一个检验批，进行化学成分和力学性能复验，复验合格后，按照每批 1%数量对几何尺寸及表面质量进行验收。

(3)存放管理

厂内存放要有标识，做好炉批号的可追溯性记录。

2. 轨排组装检验

(1)扭剪型高强度螺栓由制造厂按批提供出厂质量保证书。使用前按出厂批复验。

(2)轨排组装检验分为两个部分，第一部分为各线形组装平台的各支撑平面度、各线形定位点、轨距、中间轨枕位置的垂直度等。第二部分为批量轨排组装检测直接依据组装平台所确定的各定位点、支撑平面、两端槽距定位，通过简单的测量进行。

6.3.1.3 轨排铭牌

(1)铭牌示意图(图 6-2)

(2)铭牌的设置

在每榀轨排第一根轨枕的中心位置粘贴铭牌如图 6-3 所示。

××磁浮工程轨排			
产品名称	轨 排	规格型号	线
编 号		长 度	米
起点里程	米		
制 造 厂	×××××××××××××××		
制造日期	年 月 日		

图 6-2 轨排铭牌示意

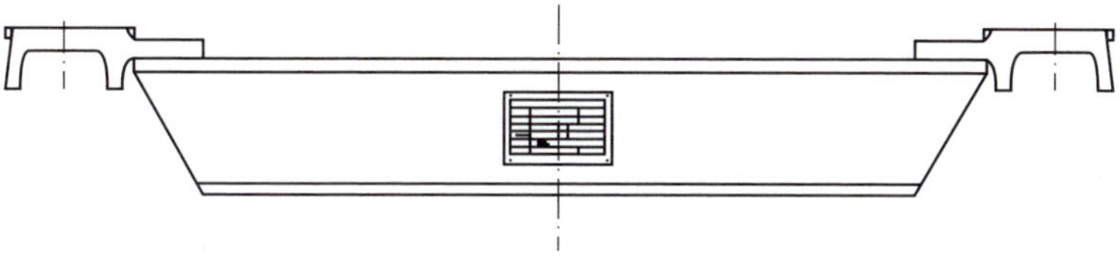

图 6-3 轨排铭牌设置

(3)轨排的包装

F 轨感应面在包装时覆盖塑料膜保护。轨排包装将两榀轨排叠放组成一组,每两组轨排分别用垫木块搁置,包装架上下槽钢与 H 型钢轨枕接触面间填塞橡胶垫保护,每组轨排设六点包装架。包装后整体吊装装卸。

6.3.1.4 供货商文件清单

(1)轨排出厂合格证。

(2)原材料出厂质量证明书及检测报告:F 轨、H 型钢、铝板、高强度螺栓、螺母、粘结密封胶、厌氧胶、防腐涂料。

(3)原材料复验质量证明书及检测报告:F 轨、H 型钢、高强度螺栓。

(4)机加工检查记录表。

(5)F 轨机加工检查表、F 轨曲率检查表、H 型钢机加工检查表、F 轨涂装工序记录表、H 型钢涂装检查表。

(6)轨排组装质量记录表。

6.3.1.5 控制项目

1. 主控项目

(1)F 型钢机加工

检查数量：

直轨：每 10 根抽检 1 根(即 10%)进行成品检验，不足 10 根检验 1 根。

曲轨：按生产数量连续累积每 10 根抽检 1 根(即 10%)进行成品检验，不足 10 根检验 1 根。

检验方法：按表 6-4 进行。

(2)F 型钢防腐涂装道数、涂层厚度

检查数量：按 F 型钢数量抽检 10%。

检验方法：用干漆膜测厚仪检查。每个 F 型钢检测 5 处，每处的数值为 3 个测点涂层干漆膜厚度的平均值。

(3)轨枕机加工

检查数量：每 20 根抽检 1 根(即 5%)进行成品检验。

检验方法：用卷尺和游标卡尺测量。

(4)轨枕防腐涂装道数、涂层厚度

检查数量：按轨枕数量抽检 5%。

检验方法：用干漆膜测厚仪检查。每个 F 型钢检测 5 处，每处的数值为 3 个测点涂层干漆膜厚度的平均值。

(5)轨排组装

检验数量：供货单位全部检查。监理单位按供货单位检验数量的1%复查,曲线轨排按线形种类复查。

检验方法:与组装平台间隙测量及观察、尺量检查。

(6)F轨饱和磁通密度检测

F型钢所选择钢种的饱和磁通密度不应小于1.4 T。

检验数量:F型钢所选择的每个钢种检测一次。

检验方法:按相关标准和规定执行。

(7)F轨悬浮检测面粗糙度检测

F轨悬浮检测面粗糙度 MRR Ra12.5。

检查数量:全数检查。

检验方法:目测或粗糙度样板。

(8)铝感应板电导率检测

铝感应板电导率≥59%IACS(20 ℃)。

检验数量:选用的铝感应板每种材质检测一次。

检验方法:电阻率测量仪。

(9)F型钢坯料

F型钢坯料必须进行化学成分和力学性能复验,复验结果必须符合订货合同、相关标准和技术要求。

检查数量:每一个炉号组成一个检验批,逐批进行。

检验方法:按相关标准和规定执行。

(10)H型钢

H型钢必须进行化学成分和力学性能复验,复验结果必须符合订货合同、相关标准和技术要求。

检查数量:每一个炉号组成一个检验批,逐批进行。

检验方法:按相关标准和规定执行。

2. 一般项目

(1)F型钢原材料外形尺寸和外观质量

检查数量:每批1%数量对进行抽检。

检验方法:按表 6-3 进行。

(2)H 型钢原材料外形尺寸和外观质量

检查数量:每批 1%数量对进行抽检。

检验方法:用卷尺和钢板尺测量。

(3)防腐涂料检验

防腐涂料、稀释剂和固化剂等材料的品种、规格、性能等应符合现行国家产品标准和设计要求。检查数量:全数检查。

检验方法:检查产品的质量合格证明文件及检验报告等。

(4)铝感应板原材料

铝感应板原材料查验出厂质量证明书,并按照合同要求和验收规程进行几何尺寸、外观检查。

检验数量:按生产批次进行复查和抽查。

检验方法:检查铝板的质量合格证明文件及目测、尺量检查。

6.3.2 轨排基地

轨排基地应考虑永临结合,减少占地,交通便利,并靠近铺轨地点,应根据工程规模、进度要求、使用期限等因素确定建设规模,按照技术经济指标比较选定,并留有一定的保证系数。轨排基地应建立标准化组装车间,宜采用流水线生产模式。轨排基地内器材堆放场地应平整、坚实,排水系统畅通,防护设施齐备。轨道材料应分类堆码整齐并标明型号及规格,并做好防雨、防晒措施。轨排的存轨台的混凝土标号应为 C25,以及存轨台的标高误差应不大于±2 cm。轨排应用垫木与地面隔离并采用分层按下长上短的原则码放,一般不超过 6 层。轨排间设置支垫,支撑点间隔不大于 4 m,各层支撑点应在同一垂线上。F 型钢不应受力。轨排及其他配件不得直接堆放在地面上。

6.3.3 轨排运输与存放

轨排应采用刚性较好的吊具吊装，确保吊装过程中，轨排纵向整体均匀受力。吊装过程应平稳，并设置防晃绳索，严禁碰触感应板。轨排运输采用专用车辆及轨排支架进行运输。运输中应捆绑牢固防止轨排变形，严禁导轨及感应板受力。

轨排存放应符合以下规定：

(1)轨排存放场地应基础稳定、表面平整，支垫位置应场地硬化。

(2)轨排堆码层间应放置相同高度的垫木，垫木支撑在轨枕上并靠近导轨，且在同一垂线上。

(3)轨排堆码整齐，堆码层数不应超过 6 层。

(4)轨排应存放在易于吊装、运输的位置。

(5)轨排存放采取措施防止倾翻。

6.3.4 轨道测量

轨道测量定位宜采用轨道控制网(CPⅢ)方法，条件困难情况下可采用加密基标法。轨道控制网(CPⅢ)是沿线路 25 m 左右一对布设的三维控制网，平面起闭于基础平面控制网(CPⅠ)、线路控制网(CPⅡ)或线上 CPⅡ 加密控制网，高程起闭于线路水准点或线上加密水准点，宜在线下工程施工完成后进行施测，为轨道铺设和运营维护的基准。

加密基标法：正线加密基桩的间距应根据轨道类型确定，一般 5～10 m 设置一个。加密基桩应设置在轨道中心线上，曲线段应考虑超高影响。

6.3.5 轨排铺设

轨排进场宜参照厂内轨排组装验收要求，按照设计图纸、技术规格书、设计规范等相关要求，对轨排进行检查验收。全线桥梁及低置结构沉降评估满足要求，并经监理、建设单位确认后方可进行轨排精调。评估要求应按《客运专线铁路无砟轨道铺设条件评估技术指南》(铁建设〔2006〕158 号)执行。轨排铺设前应对承轨台基础进行凿毛、清理，并对桥面预埋连接钢筋进行调整、扶正。铺轨前应做好配轨设计。分段铺设时精确定位每段起始铺设起点里程。

配轨符合以下要求：

(1)应把线路长度换算为铺轨长度。

(2)配轨时，应首先确定曲线轨起、止里程与道岔岔头、岔尾里程，对直线段与曲线段分别配轨。直线段配轨，以铺轨长度为依据，按轨排长度和设计轨缝连续计算各轨排位置；曲线段应以铺轨长度为依据。

(3)需要调整轨排接头位置或合龙口时，可插入个别短轨排(长度可由设计确定，并不得小于 3.6 m)。

(4)铺轨轨缝值受铺轨时温度及导轨制造长度误差影响，当超过 10～28 mm 范围时，禁止铺轨作业。铺轨计算轨缝：

$$p = p_0 - \frac{L_1 + L_2}{2}\alpha(T - t) + c \tag{6-1}$$

式中 p——铺轨计算轨缝值(mm)；

p_0——设计锁定轨温时铺轨轨缝值(mm)；

α——每米钢轨膨胀系数[mm/(m·℃)]；

L_1, L_2——相邻轨排长度(m)；

T——铺轨时温度(℃)；

t——设计导轨锁定温度(℃)；

c——导轨制造长度误差(mm)。

轨道曲线地段应按照设计文件要求设置曲线超高。超高横坡扭转率不应大于设计要求。轨道支撑调节器直线段宜每 4 m 设置 1 个,曲线段根据需要适量增加。轨排粗铺定位应依据轨道控制网 CPⅢ采用自由设站极坐标法放设轨排中线及边线,放线误差不大于 5 mm。直接利用 CPⅢ控制点采用自由设站极坐标法进行轨排铺设,采用棱镜工装定位测量,不需要测设加密基桩轨排精调应满足下列要求:

(1)全站仪自由设站精度应不大于 1 mm。

(2)轨排精调测量测点应设在轨排支撑架位置,其步长应为每个支撑螺杆的间距,以保证轨排及其接头平顺。

(3)轨排精调后,轨道中线和轨顶高程允许偏差均应不大于 2 mm。

(4)轨缝允许偏差±2 mm。

(5)轨排锚固螺栓应采用力矩扳手紧固,力矩值达到设计标准。

(6)伸缩节安装应采取有效措施,保证导轨之间顺接。

6.3.6 承轨台施工

承轨台采用混凝土或高强无收缩灌浆料结构,其强度达到设计要求。钢筋安装应符合设计要求,允许偏差符合表 6-10 规定。

表 6-10 钢筋安装位置允许偏差

<table>
<tr><th>序号</th><th colspan="2">项 目</th><th>允许偏差/mm</th></tr>
<tr><td>1</td><td colspan="2">钢筋间距</td><td>20</td></tr>
<tr><td rowspan="2">2</td><td rowspan="2">钢筋保护层厚度</td><td>设计为 25～35 mm 时</td><td>+5
−2</td></tr>
<tr><td>设计小于 25 mm 时</td><td>+3
−1</td></tr>
</table>

承轨台浇筑前侧模及与基础接触面应止漏，涂刷脱模剂。承轨台应无蜂窝、麻面、侧漏、裂缝，表面清洁，平整度允许偏差为 3 mm。棱角应完整无损伤。

6.3.7 接头与伸缩节安装

伸缩接头可分为Ⅰ型、Ⅱ型、Ⅲ型，其结构主要由主 F 型钢、副 F 型钢、连接板、盖板、外侧销键等构件组成。伸缩接头的结构设计及轨缝设置需满足设计要求。伸缩接头的平顺性应满足设计要求。轨排安装调试后，连接板活动板的螺栓要紧固，力矩值达到设计要求。轨排连接板安装完成后，进行连接件的安装，并按设计要求将连接键的一端与轨排按照《钢结构工程施工质量验收标准》(GB 50205)要求焊接。特殊地段的连接采用特殊接头，接头联结螺栓均应采用力矩扳手紧固，力矩值应达到设计标准。

6.3.8 轨道附属设施与标志

车挡基础应由设备厂家配合施工，车挡按设计要求安装。线路及信号标志的式样应符合标准图的规定，色泽鲜明醒目，图像端正清晰，安装牢固。安装位置应符和现行有关规定。轨道防雷接地应按设计要求执行。

6.3.9 备品备件

轨道备品备件材料应按设计备存。备件材料应保持完整性，并存放在指定位置，在工程验收时一并移交。

6.3.10 工程验收

导轨进场应核查其技术资料是否齐全(产品合格证和材质、规格、品种及轧制质量是否满足设计要求)，检查其表观是否合格。

导轨的断面、端面及长度允许偏差应符合设计图纸、技术规格书、设计规范等的要求。

轨排组装完成后要对轨排的外观及几何尺寸进行全面检验，内容包括：

(1)各配件是否安装齐全，是否存在缺损。

(2)防腐层是否有损伤。

(3)轨排的几何尺寸应符合设计图纸、技术规格书、设计规范等的要求。

轨排安装的静态平顺度应符合表 6-11 要求，曲线静态圆顺度应符合表 6-12 要求。

表 6-11 轨排安装的静态平顺度

部　　位	允许偏差	检测方法
轨距	±1 mm	专用工具或精调小车
轨道高程	±1 mm/4 m	全站仪
水平	±3 mm	专用工具或精调小车
高低	1.5 mm/4 m	精调小车/全站仪
	3 mm/10 m	精调小车/全站仪
轨排里程	±5 mm	全站仪全部检查
方向	1.5 mm/4 m	精调小车/全站仪
	3 mm/10 m	精调小车/全站仪
轨缝	±2 mm	卡尺全部检查
承轨台联结螺栓扭矩	±5 N·m	力矩扳手全部检查
轨端连接板螺栓扭矩	±5 N·m	力矩扳手全部检查
轨道接缝(竖向/横向)	±1 mm	卡尺全部检查

注：①检查段内实际轨缝的平均值，以计算轨缝值为标准允许偏差±2 mm；
②轨温小于当地历史最高轨温时，不得有连续 3 个及以上的瞎缝；
③不得出现最大构造缝(计算值等于最大构造轨缝时除外)。

表 6-12 曲线静态圆顺度

曲线半径/m	缓和曲线正矢与计算正矢差/mm	圆曲线正矢连续差/mm	圆曲线正矢最大最小值/mm
50	3	5	7
100	2	3	5
150	2	3	4
>150	1	2	3

6.4 道岔验收

道岔在工厂进行预组装，合格后方可运至现场安装，完成后进行验收。道岔上道铺设前应具备下列条件：

(1)设计文件齐全，图纸经过会审。

(2)道岔桥或道岔平台施工完成后，施工单位应与道岔制造和安装单位联合进行道岔桥或道岔平台施工质量检验，并配合道岔安装单位进行道岔设备基础施工。

(3)施工组织设计已审批并进行技术交底。

(4)道岔旁边有汽车起重机工作空间。

(5)作业区段供电、供水、照明和场地条件满足要求。

(6)道岔桥或道岔平台上建立道岔安装用测量网：包括道岔前端 x、y 坐标，道岔后端 x、y 坐标，以及高程点 z 坐标，高程点应设在道岔附近 10 m 范围。

(7)道岔桥或道岔平台应预留与道岔设备基座连接的钢筋，将道岔设备基座与道岔桥连为一体。

道岔设备安装必须符合道岔设备限界要求，并应满足车辆行驶和安全运营的条件。道岔设备安装调试应检查道岔设计与制造符合“故障—安全”的特性。安装施工应按照经审查批准的施工组织设计和安装施工措施计划作业书进行，宜与线路施工、道岔基础、供配电、给排水、信号、轨道梁、运输等专业的施工协同进行。道岔安装应按施工技术标准进行质量控制；每道工序完成后，应进行检查，确认合格后方可进行下道工序工作。道岔设备安装后应进行人工转辙试验、输入电源测试、单动和联动试验、信号收授权试验、信号联调试验及车辆通过试验，试验合格后方可投入正式运行。

6.4.1　道岔制造及厂内检验

6.4.1.1　道岔厂制造检验

道岔制造厂应对产品零部件依据设计图纸及相关技术条件进行检验，并在工厂内预组装。并应符合以下要求：

(1)道岔主要构件的钢结构材料应符合《碳素结构钢》(GB/T 700)的规定，或《低合金高强度结构钢》(GB/T 1591)的规定。

(2)所有材料和外购件均应有供货单位提供的符合国家现行标准的质量证明书(质量合格证)。制造单位使用前应进行机械性能和化学成分的复验，复验合格后方可使用。

(3)焊缝外部检查不应有目测可见的明显缺陷，焊缝外部缺陷应符合现行国家标准《金属熔化焊接头缺欠分类及说明》(GB/T 6417.1)的规定。

(4)主要受力结构(道岔梁、台车横梁、铰轴连杆等)应按设计要求对焊缝进行无损检测，并提供相应的检测报告。

(5)道岔梁制造应符合《铁路钢桥制造规范》(Q/CR 9211)的规定。

6.4.1.2 道岔外观、涂装防腐检查

(1)道岔外观无裂纹,各部分螺栓无松动,锁定牢靠。

(2)道岔表面都要进行防腐处理,涂层外观应平整、色泽一致,面漆颜色与标准色卡一致,无气泡、裂纹、漏漆、针孔、脱皮、无严重挂流和橘皮等缺陷。

(3)重要金属结构件的材料在涂装前应进行表面喷(抛)丸的除锈处理,应达到《涂覆涂料前钢材表面处理 表面清洁度的目视评定 第1部分:未涂覆过的钢材表面和全面清除原有涂层后的钢材表面的锈蚀等级和处理等级》(GB/T 8923.1)规定的Sa2.5除锈等级,其他结构件应达到Sa2或St3的除锈等级。

(4)道岔的防腐涂层在运输和安装过程中如有损伤应及时进行修补。

(5)防腐涂层厚度的检测应在涂层干燥后进行,满足设计文件要求,并按照表6-13和表6-14进行检测。

表6-13 喷砂、热喷涂检测记录

<table>
<tr><td>零件名称</td><td></td><td>零件图号</td><td colspan="2"></td><td>工号</td><td colspan="2"></td></tr>
<tr><td>环境温度</td><td colspan="3"></td><td>环境湿度(%)</td><td colspan="3"></td></tr>
<tr><td>喷砂、热喷涂部位</td><td colspan="7"></td></tr>
<tr><td rowspan="2">类别</td><td rowspan="2">要求</td><td colspan="5">检测结果</td><td rowspan="2">检测日期</td><td rowspan="2">备注</td></tr>
<tr><td>1</td><td>2</td><td>3</td><td>4</td><td>5</td></tr>
<tr><td>热喷涂厚度/μm</td><td>≥100</td><td></td><td></td><td></td><td></td><td></td><td></td><td></td></tr>
</table>

续上表

喷砂清理等级	Sa2.5级	符合□	不符合□
喷砂清理覆盖面	所有内外表面	符合□	不符合□
锌铝合金涂层外观	外观均匀一致，无起泡或裸露的斑点，没有未附着或附着不牢固的金属熔融颗粒等缺陷	符合□	不符合□
结论			
检验员		日期	

表 6-14　油漆喷涂检验记录

零件名称		零件图号			工号			
环境温度			环境湿度(%)					
喷砂、热喷涂部位	锌铝合金表面							
涂料品种	累计规定厚度/μm	检测结果					检测日期	备注
		1	2	3	4	5		
环氧封闭底漆1道	20～30							
环氧云铁中间漆2道	120～150							
氟碳面漆	160～200							
外观	无漏涂、流挂、针孔、气泡、脱落裂纹等缺陷			符合□		不符合□		
结论								
检验员				日期				

6.4.1.3　道岔厂内预组装检验

道岔检测应在无日照，且温度均匀条件下进行，并根据现场的实际温度条件与设计基准温度的偏差进行必要的修正。

道岔的铺装精度控制要求除满足现行行业标准《中低速磁浮交通设计规范》(CJJ/T 262—2017)外，还应满足以下要求：

(1)道岔梁跨度 L 的极限偏差 ΔL 应符合以下规定：

当跨度 $L \leqslant 10$ m 时，$\Delta L = \pm 3$ mm；当跨度 $L > 10$ m 时，$\Delta L = \pm 5$ mm。

(2)同一台车架下的车轮同位差为±1 mm，在同一横梁下不同台车组的车轮同位差为±3 mm。

(3)道岔线形应满足表 6-11 的基本要求。

(4)相临两段 F 型钢导轨在直线位的间隙 L 不应大于 40 mm。道岔转到侧线位时，F 型钢导轨的最大间隙 L 不应大于 55 mm，最小间隙不应小于 2 mm。轨距极限偏差 $\Delta S = \pm 1$ mm。

(5)相邻导轨接头处的外侧线错位应小于 1 mm。

(6)相邻导轨接头磁极面的高低差 S 应小于 0.5 mm，在同一截面 F 型钢导轨磁极面高低差 S_1 应小于 1.5 mm。

(7)供电轨安装板纵向间距极限偏差为±2 mm，极限累积误差为±5 mm；同截面两侧座板纵向距离误差为±4 mm。

(8)转辙距：主动梁端头最大转辙距应为 2 900±1.5 mm。

(9)动作时间：完成相邻岔位转辙和锁定全过程时间应不大于 15 s。三开道岔从一个侧向位转辙到另一侧向位的动作时间全程不应大于 25 s。

6.4.1.4　电气控制系统

(1)道岔控制系统应符合《铁路信号故障—安全原则》(TB/T

2615)的规定，道岔控制电路中所使用的电器应符合《铁路信号AX系列继电器》(GB/T 7417)的规定。

(2)道岔控制电路中有关道岔位置表示电路应符合《继电式电气集中联锁技术条件》(TB/T 1774)的规定。

6.4.2　道岔运输与吊装

运输与吊装前应编制道岔运输与吊装专项施工方案，保证运输和吊装安全。应选择与道岔结构及铺设场地相适应的运输车辆和起吊设备。基础板运输及吊装应防止产生塑性变形。严格按照道岔梁起吊点吊装道岔梁，吊具与道岔梁接触处设软性夹垫，防止损伤防腐层。道岔进场前基础的土建工程应事先完成，其混凝土强度应达到设计要求并验收合格后，方可移交道岔安装单位。

6.4.3　道岔基础预埋件安装

首先要求应在质量合格的道岔桥或道岔平台上进行道岔设备墩台施工。道岔设备基础的施工、验收及混凝土浇筑应符合设计要求和《混凝土结构工程施工质量验收规范》(GB 50204)的有关规定，混凝土宜分两次浇筑，确保预埋件精度及基座坐标准确。

(1)根据道岔基础图纸，测定支撑脚位置后将支撑脚与道岔设备墩台钢筋笼进行焊接固定。

(2)浇筑混凝土至一次浇筑位置。

(3)一次浇筑混凝土达到设计强度的70%以上后，方可进行二次浇筑。

(4)将道岔设备基础板置于支撑脚上,调整支撑脚上螺杆长度至基础板设计高程,然后将支撑脚与基础板进行焊接固定。

(5)将地脚螺栓安装到基础板上,螺栓伸出长度满足设计要求。

(6)从地脚螺栓孔内穿入钢筋,将地脚螺栓与道岔设备墩台钢筋笼绑扎牢固。

(7)浇筑混凝土至设计标高。

道岔设备墩台的预埋钢板应满足以下要求:

(1)预埋钢板到基准高程点的尺寸偏差为±3 mm。

(2)道岔基线上回转中心到轨道中心的距离偏差为±3 mm。

6.4.4 道岔安装

道岔安装完成后线形应满足本书 6.4.1.3 及现行行业标准《中低速磁浮交通设计规范》(CJJ/T 262—2017)中的要求。电气控制系统的要求如下:

1. 控制柜安装要求

(1)保证电气柜及低压回路接线、安装工程的施工质量,确保电气柜装置及低压回路安全运行。

(2)电气柜的安装应平整、垂直,要求电气柜整体美观大方,固定和接地牢固可靠,柜内布置的成套设备或其他有接地要求的电器外壳应可靠接地,电气柜的漆层应完好无损。

(3)电气柜不得侵入限界。

2. 接地要求

(1)控制柜的金属外壳或构架应可靠接地。

(2)道岔梁应可靠接地。

3. 行程开关的安装要求

(1)安装的行程开关位置应符合设计要求。

(2)安装后开关应能正确动作,不应阻碍相关部件的运动。

(3)安装应牢固,转动轴和转动柄应无松动,转动角度应适中。

(4)电缆进入行程开关端口封堵严密。

(5)行程开关应与相应的机械构件配合调整,确认动作可靠后方可接入电路使用。

4. 电缆敷设要求

(1)根据整机接线表,确定电缆线的连接位置和电缆线型号及数量、整机布线要求。

(2)线缆布置不与机械结构相干涉,考虑电缆敷设方便。

(3)所有的电缆,尽量采用下进下出方式。

(4)电缆两端预留一定长度(3 m 及以上长度的电缆留出约 300 mm,3 m 以下长度的电缆留出约 100 mm),以便连接或修正连接。

(5)有相对移动的机械部件之间的布线,在两者之间预留适当长度(具体长度由最大相对移动量确定)的电缆,以防电缆受力损坏。所有的电缆必须分层布置,不得绞合或缠绕。单独布置的电缆,须用扎线杆或镀锌钢管进行紧固或保护。

(6)电缆在转弯处用扎带绑扎,转弯半径须不小于 15 倍电缆直径;当电缆固定安装时,如空间限制,允许转弯半径最小为 6 倍电缆直径。

(7)电缆端部(例如电动机接线盒、行程开关处)应做相应的固定和防水密封处理,确保雨水不会沿电缆进入电气设备。

6.4.5 道岔试验

6.4.5.1 首组道岔试验

1. 联机运转试验

(1)试验内容

检验道岔的运转性能,道岔各部件的转动灵活性,测试控制系统功能,观测两种控制方式是否动作正常、定位准确,各种显示是否正确。

(2)试验方法

道岔连续转换 3 000 次,每次转换的时间间隔 15 s,同时测试起动电流、运行电流、转换时间、目测转换动作与位置显示。

(3)试验合格判定标准

运转期间未发生故障,驱动装置、锁定装置运转正常,驱动平稳,锁定到位准确,各传动齿轮箱无噪声和异常温升,电控系统控制稳定,各电机每相起动电流在正常工作范围之内,就连动情况下,转换所需时间应达到设计要求,各项动作与显示一致。

2. 静载试验

(1)试验内容

检验道岔结构的刚度,检验道岔各部件的承载能力。

(2)试验方法

试验荷载放在道岔上,试验荷载是额定荷载的 1.25 倍,加载时应无冲击。目测道岔梁、台车、道岔底板在荷载作用下有无明显的变形或裂纹;在每节道岔梁上分别放置 3 只百分表,放置位置为道岔梁底板距前、后台车中心线各 500 mm 处和道岔梁中部;记录道岔梁的下挠值。

(3)试验合格判定标准

未见裂纹、永久变形、油漆剥落或对道岔的性能、安全有影响的损坏,且道岔梁的下挠值在允许的范围内。其余道岔厂内预组装完成后进行不少于50次转辙试验。

6.4.5.2 安装完成后试验

(1)转辙试验

手动转辙道岔,检测是否有卡阻和干涉,直线位和侧向位线形是否满足要求。

电动转辙试验:完成手动转辙道岔试验后,检查电路、开关元件正确无误后可通电进行电动转辙试验,检测各种动作元件是否正常。

(2)信号联锁试验、联调联试

完成现场转辙试验后,按照信号联锁试验、联调联试方案对道岔进行动态试验,检测各项动态指示是否满足要求。

6.4.6 工程验收

道岔进场时应检查其技术资料是否齐全,检查其表观是否合格。道岔安装完成后,其外观应满足6.4.1.2节的要求,铺装精度应满足6.4.1.3节的要求,电气控制系统安装应满足6.4.1.4节的要求。

工程竣工验收应提供以下资料:

(1)原材料、配件等出厂合格证及验收记录。

(2)各种试验报告。

(3)钢结构件、零部件检验记录。

(4)控制系统测试记录。

(5)隐蔽工程检验记录。

(6)工程测量记录。

(7)道岔安装记录。

(8)道岔检验表格。

(9)开竣工报告。

(10)竣工图。

7　中低速磁浮轨道维保

磁浮维保即对磁浮轨道及相关设施设备进行日常维修和保养。维修保养的范围较广，包括：为防治设备劣化，维持设备性能进行的清扫、检查、润滑、紧固以及调整等日常维护保养工作；为测定设备裂化程度或性能降低程度而进行的必要检查；为修复劣化，恢复设备性能而进行的修理活动。

设备长期在外部环境下使用会产生部件磨损、间隙增大、配合改变等问题，直接影响到设备原有的平衡。设备的稳定性、可靠性、使用效益均会有相当程度的降低，甚至会导致机械设备丧失其固有的基本性能，无法正常运行。因此，设备就要进行大修或更换新设备，这样无疑增加了企业成本，影响了企业资源的合理分配。为此必须建立科学有效的设备管理机制，加大设备日常管理力度，理论与实际相结合，科学合理地制定维护、保养计划。

本章以已建成运营中的长沙磁浮快线为例，介绍中低速磁浮运营维保。长沙磁浮快线是我国首条具有完全知识产权、目前全球最长的一条中低速磁浮商业运营线，位于长沙市雨花区和长沙县内，连接长沙火车南站和长沙黄花国际机场，全长 18.55 km，原设计最高运行速度 100 km/h，提速后最高运行速度 140 km/h，采用 3 辆车编组，设 3 座车站和 1 处车辆段综合基地，控制中心设于综合基地内。区间正线线路平面曲线最小半径为 100 m；线路纵断面最大坡度区间正线为 41‰。

轨道采用钢枕型式的中低速磁浮轨道结构，轨道结构自上而下主要由感应板、F型钢、H型钢枕、伸缩接头、连接件及紧固件、扣件系统、承轨台等部件组成，如图2-8(a)所示。道岔采用关节型道岔，正线2组单渡道岔、1组单开道岔，出入段线1组单开道岔，道岔转换时间≤15 s，轨距、F轨的轨型与区间轨道一致。

维保主要工作内容分为日常巡检、故障处理、应急抢修、夜间保养、临时任务五大部分。维保范围包括对正线、区间设备设施（含线路、土建及附属设备设施）、区间变电所的所有工建设备设施、车站、控制中心、车辆段及车辆段出入段线内的所有工建设备设施及与其他系统有接口的部分进行维保，工作范围包含但不限于全过程维保、故障处理、抢险抢修、值班、培训、安全管理、班组建设等，根据故障处理需要，配置值班点24 h值班。

7.1 维保内容

7.1.1 设施设备检修

1. 检修原则

(1)必须牢固树立"安全第一、预防为主"的思想，掌握、严守制定的相关安全生产各项规章制度、员工通用安全守则、行车组织规则、行车事故管理规则等各项规章制度。

(2)必须按照相关要求进行施工，确保按质、按量完成工作；对于确需紧急处理的紧急故障，应按照"无条件、即时性、高效性"的原则处理完成，并确保不影响运营服务的正常进行。

(3)对于规定必须申报作业令的作业项目，必须按照相关进场作业的规定申报作业令，持作业令进行清点作业后，方可进场作业，在作业后必须办理相关消点手续并确认现场出清后方可撤离现场，不得在站台、轨行区、车辆段内堆放材料，侵入行车限界或轨行区、车辆段内施工消点后不得留下影响行车安全的临时设备、设施、工器具、材料或垃圾；应按照要求办理特种作业施工许可证，严禁违规操作；对于作业令要求其他部门配合方可进行的作业，应严格按照作业令执行，在没有设备设施所属部门人员配合的情况下，严禁动用其他部门所管辖设备设施。

(4)特种作业人员，如金属焊接、切割作业、电工作业等，必须持有政府相关部门颁发的特种作业操作证方可上岗作业，并按照相关要求佩戴配套的防护劳保用品进行作业，严禁无证或有证不按照要求佩戴防护、劳保用品人员上岗作业。应对所有参与该项目的维保人员统一着装，并按照要求配发劳保防护用品，严禁作业人员在作业期间穿戴奇装异服。

(5)日常检修作业中，对于不熟悉的设备设施不得进行摸、碰，更不得对不清楚的设备设施进行操作；进入设备设施房进行检修作业的，必须确认该设备设施房的使用部门在场方可进行检修作业，当设备设施房内无部门人员监控时，严禁进入他人设备设施房进行相关的检修作业。

(6)对于和列车运行密切相关的设备设施，若在巡检过程中发现故障，且不能明确判断该故障是否影响行车的，则立即报告值班人员并一律按照“从重、从快”的原则进行处理。

(7)应严格按照“安全第一、预防为主”的思想，不断地加强员工的安全生产教育，将安全生产贯彻到日常的工作中，认真组织相关人员参加安全生产会议，严格执行安全生产规定。

2. 检修要求

在设备设施的日常检修方面，按照特定计划，对设备设施开展日常检修服务。

(1)按照限定的时间提交下月的维保工作计划，内容包括检修周期、检修所需工器具、检修具体内容、检修方法、标准及注意事项、人员排班表等。工作计划内容必须满足设备设施的检修周期、详细完整、维保人员配置合理、工作计划安排可操作性强。

（2）按照设备设施检修规程、操作规程、作业指导书、故障处理指南、工作计划等要求，对维护保障范围内的设备设施进行维保、检修、抢修等周期性及临时检修作业，保障检修质量，同时填写检修记录。

（3）定期接受设备设施安全大检查。检查内容包括：设备设施状态、人员操作情况、安全管理及相关制度的执行情况等。对安全大检查中发现的问题须于检查后十日内提交整改报告。

（4）保障检修工作遵守相关法律法规及运营的相关规章制度。

（5）对影响客服与运营的故障，应在第一时间进行处理。

3. 设备设施检修周期及内容

工建系统主要设备设施包括了线路设备设施、房建设备设施、桥梁与路基工程等方面。表7-1展示了线路设备设施检修周期及内容。

表7-1　线路设备设施检修周期及内容

序号	设备设施	工　作　内　容	周期
1	H型钢枕	检查轨枕的使用情况	每季度
		检查轨枕是否失效	
		方正轨枕	根据设备设施损耗情况确定
		对失效轨枕进行更换	
2	F型钢	检查轨缝是否均匀，有无错位	每巡
		检查F型钢的使用情况	
		检查F轨安装螺栓是否松动	
		检查F轨高低是否平顺	
		整治错位轨缝	每年
		整治不均匀轨缝	

续上表

序号	设备设施	工作内容	周期
3	扣件系统及伸缩接头	检查伸缩接头安装螺栓是否紧固	每巡
		检查扣件有无失效	
		更换零星失效的扣件零部件	每月
		更换零星失效的伸缩接头零部件	
		对螺栓、铁垫板、各类扣件进行涂油	每两年
4	线路	检查并整治车辆段线路的几何状态	每两月
		检查并整治正线线路的几何状态	每季度
		成段整修线路,消灭超出验收值作业	每三年
		改道、拨道,调整线路各部尺寸,全面整正曲线正矢	
		根据线路状态适当起道,改善线路的几何状态	每年
5	道岔	检查道岔机械装置是否运转良好及更换失效的部件	每周
		检查道岔梁上轨排扣件系统及接头是否良好及更换失效的部件	
		检查道岔轨排几何尺寸状态	
		零星更换道岔梁上轨排	根据设备设施损耗情况确定
6	标志标记	检查线路标志标记是否齐全、牢固	每巡
		线路标志标记的刷新	每年
		补齐缺损的线路标志标记	
		标志标记的更换	根据设备设施损耗情况确定

续上表

<table>
<tr><th>序号</th><th>设备设施</th><th>工 作 内 容</th><th>周期</th></tr>
<tr><td rowspan="5">7</td><td rowspan="5">车挡</td><td>检查车挡是否完整,联结零件作用是否良好及更换失效的部件</td><td>每半年</td></tr>
<tr><td>液压缓冲车挡保养并涂油、刷漆</td><td>每年</td></tr>
<tr><td>零星更换联结零件和部件</td><td rowspan="3">根据设备设施损耗情况确定</td></tr>
<tr><td>全面更换联结部件</td></tr>
<tr><td>整组更换车挡</td></tr>
<tr><td rowspan="3">8</td><td rowspan="3">铝感应板</td><td>检查铝感应板外观有无破损翘起</td><td rowspan="3">每巡</td></tr>
<tr><td>检查铝感应板安装螺栓是否紧固</td></tr>
<tr><td>检查铝感应板平顺性</td></tr>
<tr><td>9</td><td>轨排点焊销件</td><td>外观检查焊点是否有错焊、漏焊、虚焊和连焊,焊点周围是否有焊剂残留物,焊接部位有无热损伤和机械损伤现象;在外观检查中发现有可疑现象时,再进行拨动检查</td><td>每季度</td></tr>
<tr><td rowspan="2">10</td><td rowspan="2">综合检测车</td><td>分析轨检数据</td><td>每巡</td></tr>
<tr><td>根据轨检数据,进行线路检修</td><td>每月</td></tr>
<tr><td rowspan="2">11</td><td rowspan="2">季节性工作</td><td>调查及调整有连续三个及以上瞎缝或大于构造轨缝的F轨</td><td rowspan="2">每半年</td></tr>
<tr><td>检查并复拧扣件及接头螺栓</td></tr>
</table>

4. 检修组织管理

(1)检修种类

按照各专业设备设施的特点,按照公司生产管理规定、生产组织与管理程序及相关规定的要求执行。各设备设施专业作业分为计划性检修与非计划性检修。

计划性检修:主要包括设备设施周期性检测与保养。

非计划性检修:主要是故障的处理,按照设备设施的种类与维保的地点,又分为须申报作业令与无须申报作业令。

(2)编制依据

依据工建设备设施检修规程、操作规程、作业指导书、故障处理指南、工作计划等,对房建工程、桥梁工程、低置线路工程、区间线路工程、接口及附属设备设施的故障及损坏处理。

(3)计划的编制

维保单位根据工程范围中工建设备设施检修周期与工作内容及指定设备设施的检修要求编制检修计划,报设备设施管理组审核,由管理组按照生产管理规定的相关规定与流程报运营相关部门审批。

维保单位根据交付审批后的检修计划,经设备设施管理组审核后,由设备设施管理组按照公司生产管理规定的相关规定与流程报相关部门审批。由设备设施管理组向运营生产管理组申报作业计划。

(4)作业计划的申报

维保单位根据编制的检修计划与设备设施故障情况(非计划性检修),按照公司生产管理规定、施工管理规定等相关规定取得作业令或进场施工许可单,并按规定填写配合要求。

(5)作业计划的实施

维保单位根据作业计划管理部门签发的作业令,组织维保人员按照设备设施系统检修规程、进场施工管理规定等相关规定实施作业。

(6)生产过程的安全控制

为保证作业安全与质量,维保单位应采取有效措施确保自身作业安全与质量。

7.1.2 系统设备设施维保

1. 维保目标及要求

维保单位的部分维保服务应能确保满足以下要求：

(1)维持设备设施、系统在其设计使用寿命内正常运作。

(2)运营安全要求。

(3)可靠性、维保服务目标、技术报告提交率的要求。

(4)最低使用周期成本。

(5)满足各系统表现指标要求。

(6)在维保服务终止时，确保设备设施、系统完整及在正常工作运行状况下交回运营方继续使用。

(7)满足道岔故障次数及故障率指标要求：运营期间，道岔每月故障次数<1次；非运营期间，道岔每月故障次数$\leqslant 4$次。

(8)每月线路动态检测优良率$\geqslant 90\%$。

(9)承包商须提供所有足够的日常消耗物料，常用工具及仪表按要求配置，以满足维保及更换的需要，减少系统因各种维保而停顿的时间。

2. 维保会议

每月召开正式的维保会议，对上季度服务的执行情况进行总结，对存在的问题进行改进。

参会人员：维保单位项目经理和专业技术人员。

根据系统设备设施运行情况，总结前一季度提供系统设备设施的维保情况，总结内容包括：

(1)遗留问题的处理情况。

(2)维保单位提供的设备设施维保问题及维保执行情况。

(3)对维保单位提供的设备设施维保服务提出建议。

(4)下一步的维保工作安排。

(5)其他。

3. 文件报告

为提高维保质量,满足设备设施维保要求,维保单位每一阶段需提交工作报告,对维保内容进行总结,并根据实际情况提出改进意见和建议,报告类别见表7-2。

表7-2 工作报告类别

序号	报告类型	频率
1	重要问题(安全、技术隐患、紧急故障)处理报告	临时
2	月度总结报告(含设备设施质量分析报告)	每月
3	其他(要求提交的其他相应报告)	按需

7.1.3 开工准备

7.1.3.1 组织架构

(1)人员组织到位,包括项目经理、专业技术人员、生产技术人员,所有人员在项目进场前需提交三甲医院出具的最近六个月以内的个人体检报告,派出所出具的最近三个月以内的无犯罪记录证明,维保单位与维保人员签订的劳动合同及有效期内上岗证。

(2)项目组织架构建立,包括项目部、技术、材料、安全、培训等管理组织网络,驻点安排情况。

7.1.3.2 维保技术准备

(1)编制施工组织方案。

(2)做好设备设施状态、技术交底。

(3)培训要求:

①普通员工新上岗必须接受至少50标准学时的三级安全教

育，每年的在职安全教育不少于 15 标准学时。

②普通员工新上岗前必须接受理论学习不少于 38 标准学时，实操培训不少于 40 标准学时，须定期考核，以确保维保人员拥有维保的知识和技术。

③项目相关人员须通过相关考试，包括施工负责人考试及上岗技能考试。

④提供维保车辆，保证 24 h 能响应故障及日常检修。

7.1.4 人员、车辆配置

人员配置一般由项目经理、技术负责人、专业技术人员、生产技术人员、专职司机等组成。维保人员在进厂开工前必须经过专业培训，并取得相关国家法规指定部门颁发的在有效期的特殊工种上岗资格证证书。在设备设施上进行试验必须由有经验和资格的人操作。

各个岗位的职能和分工：

(1)项目经理。项目组织与实施；协调项目相关各方关系；及时解决项目实施中的重大问题；项目全面管理；人员调动调整；与甲方单位沟通项目的具体进展等问题。

(2)专业技术人员。监督技术组及各项工作的执行情况和协助协调部门与甲方的相关工作，协助领导布置的一些重要、紧急事件；主要负责技术规范的制定，相关执行制度的制定；负责紧急、重大故障的牵头处理；负责工班的培训组织，负责与其他部门的技术交流，参与对日常维保的考核；负责紧急故障的现场处理；负责疑难问题的处理；负责施工生产中的安全管理；同时兼负各专业培训管理员的职责。

(3)专业生产技术人员。负责工建设备设施的日常维保、巡检、检修，各种故障处理，重大时间和节假日的应急保障；负责日常巡检和维保;负责协助处理故障;负责完成故障信息收集、故障初步诊断和处理、一般故障的现场处理;同时兼负安全员、物资管理员等工作职责。

车辆要求配备工程汽车,用于日常生产及应急抢险、特种作业车等。

7.2 检修要求

7.2.1 周期性检修

维保单位按照制定的工建设备设施检修周期与工作内容表的要求对磁浮线工建设备设施进行相应的日常巡检及检修维保作业,并做好相关记录。在特殊时期,例如节假日及重要节假日期间应对部分检修周期进行调整,如增加每日巡检次数以及对关键重要设备设施进行检查。

7.2.2 故障性检修

出现故障时,项目负责人应立即组织人员参与抢修。抢修人员接到故障通知后第一时间赶赴故障现场。故障性检修严格遵守“先通后复”的原则,检修方案应预先进行汇报,得到批准后执行。指定的检修方案可能扩大故障影响范围时,应先满足降级运行条件,待磁浮当日停运后统一处理,或在不影响降级运行的前提下现场进行处理,但必须加强监护。

故障处理过程中要加强对关联设备的监护和检查,加强和关联专业人员的联系,加强向运行控制中心(operation control center,OCC)的汇报,故障处理过程中要做好设备设施影像资料的摄录,故障相关设备设施必须保留,便于后续的分析处理。故障检修时必须加强现场安全的监护和防护，确保作业人员和乘客的安全。

故障处理完毕应对故障设备设施进行检查试验，确认可以投入或恢复后汇报 OCC，由 OCC 发布抢修结束命令。参与检修人员应加强对故障处置后设备设施的监护和检查，检修人员得到 OCC 批准后方可离开检修地点。故障处理完毕后，组织参加故障分析会，对所发故障进行分析和总结。同时做好故障处理过程中发生人力、机具、材料等情况的报告。

故障响应时间：

(1)运营期间

正线有驻站值守人员，自部门生产调度接到故障信息完毕后至值守人员出发到达驻站站台时间不超过 5 min，去其他站救援的则需到达站台，在本站的需到达现场。

正线无驻站值守人员，自部门生产调度接到应急信息完毕后至首名故障检修人员从车辆段或常驻车站大门出发时间不超过 7 min。

(2)非运营期间

正线有驻站值守人员，自部门生产调度接到故障信息完毕后至值守人员出发到达驻站出入口时间不超过 8 min。

正线无驻站值守人员，自部门生产调度接到故障信息完毕后至首名应急抢险人员从车辆段或常驻车站大门出发时间不超过 10 min。

发生突发故障后，要求现场处置人员故障响应时间不得超过 3 min，运营期间内首名故障抢修人员到达现场不得超过 36 min，应急救援队到达现场时间原则上不得超过 45 min，非运营期间内首名故障抢修人员到达现场时间原则上不得超过 50 min，应急救援队到达时间原则上不得超过 60 min。

7.3　项目管理

7.3.1　质量管理与控制

1. 质量控制

维保单位须对维保作业建立和制定质量管理措施,并能与维保计划相吻合,满足达到设备设施的可用性、可靠性、可维保性要求。确保作业人员具备相关专业资质。在维保作业过程中所使用的工器具、仪器、仪表等须保持状态良好,且在有效日期内。

维保单位按照批准的专项维保方案进行维保作业。维保方案中须列明设备设施的检查、检测、检验中应达到的标准值,对维保设备设施过程中发现的问题、隐患及时报告,并登记在维保记录中。并对设备设施存在的设计缺陷或施工建设过程中遗留的缺陷提出合理化建议。

2. 质量管理与控制依据

中低速磁浮维保工程质量管理依据国家及行业相关标准、磁浮项目相关标准等。须满足的标准或要求包括:

(1)各种会议纪要、决议、通知等;

(2)甲方单位的企业标准、规章制度;

(3)轨道行业规范;

(4)建设部、国家铁路局、中国国家铁路集团有限公司及相关部门相关的维保规则、规程、工作手册、规章制度等;

(5)相关行业出版的专业书籍、文献、教材等。如有最新版本,按新版本执行。

3. 质量管理与控制方法与手段

甲方项目组定期、不定期直接抽查,将相应检查结果纳入对维保单位的月度评价中，最终形成半年度评价。检查与验收指甲方组织相关人员对本项目合同约定范围内的所有系统设备设施、设施维保工作进行检查。验收人员为甲方各专业管理人员、甲方设备设施管理使用部门及乙方主要技术、管理人员，检查纳入当月月度评价。

4. 质量管理与控制评价

(1)评价要素及依据：设备设施、设施检修标准、操作规程及维护保养规程；公司相关规章制度；用户需求书及合同相关条款；其他应纳入评价的要素。

(2)事件考评方法：违规使用配用证件的情况；因设备设施故障导致设备设施部门受上级部门及外部门考核的情况，以及施工不合规而导致安全事件发生的情况；违反合同规定物资材料管理要求的情况；发现不符合评价要素或依据要求的情况；在现场进行维保工作时，对车站、车辆段内的乘客及员工做出任何滋扰的情况；对影响客服与运营的紧急故障未能及时消除的情况；未按照甲方标准、时限要求与部署进行故障处理的情况。

7.3.2 安全质量措施

(1)参加运行维保人员上岗之前，要根据轨道交通运行的特点进行安全教育，提高其安全生产意识，提高其执行规章制度的自觉性。熟悉各个车站消防设施情况，并做到能够正确使用。

(2)工具房、材料间内禁止存放易燃、易爆物品。禁止携带危险物品上车。

(3)凡是在计划内对设备设施进行拆卸、安装、移动、更新、测试等工作需要中断设备设施使用时应填写施工要点申请计划表，根据主管部门批准的时间进行施工。同时提前通知相关部门。

(4)各车站环境监控系统告警要连接到控制中心，使温度、湿度、烟雾、门铃、电源、空调等告警得到及时发现。

(5)必须认真执行“三不动”、“三不离”、“三不放过”和“三级施工安全措施”四项基本安全制度。三级施工安全措施包括:维保检修前的准备措施,维保检修中单项作业措施,维保检修后检查试验与三清措施,预防人为故障措施以及发生故障时的应变措施等。

(6)保密规定

①任何人不得将含有车辆时刻表、车辆系数、各车站平面图、道岔、曲线等有关专业设备设施的资料任意抄录、复制和擅自带出办公地点。

②凡外部人员进入工具房、办公室必须由上级部门的批准证明,履行如实登记手续,并由相关人员陪同。

(7)日常设备设施维保安全措施

①各专业机房禁止存放易燃、易爆物品。禁止携带危险物品上车。

②机房内禁止吸烟,焚烧废纸,用汽油擦地板或使用各种炉具。

③消防器材和各种专用灭火设备应设专人保管,放置适当位置,任何人不得擅自挪用和毁坏;严禁消防器材周围堆放杂物;消防器材要定期更换。

④职工在工作期间不准饮酒,不准大闹或做与工作无关的事。

⑤在清洁各种电器设备时应使用相应设备清洁剂,严禁使用汽油。

⑥测试电气设备是否通电,只许使用测量仪表,严禁用手触摸电气设备的有电部分或用短路的方法进行试验。

⑦检修设备必须停电,一般情况不准带电作业,停电检修完设备以后供电以前要仔细检查无误以后再通知接通电源。

⑧检修过程中根据设备防静电要求,操作设备和仪表时,应戴

上防静电手腕。

⑨检修过程中禁止在机架的空间使用工具操作，防止工具和废弃物掉入机架内。

⑩检修过程中禁止在机架上摆放任何物品。

⑪水杯、各种液体摆放要远离机架，防止其倒出损坏设备，造成事故。

⑫进入无人值守机房，要检查门窗是否损坏，工作完以后要确认门窗已关好，发现门窗损坏要及时报修。

8 磁浮交通发展趋势及展望

8.1 低速磁浮交通技术

低速磁浮一般采用列车驱动、非接触运行方式，列车的运行速度和运行工况由车载设备直接控制。低速磁浮具有以下特点：一是低噪声、低振动，有利于环境保护，乘坐平稳舒适；二是转弯半径小，爬坡能力大，在狭窄地域，特别是建筑密集的城市建筑区，有较强的线路适应能力；三是运量大，可满足轨道交通的运量需求；四是建造和维护成本低，可以做到不拆迁或少拆迁，不征地或少征地，可使桥梁结构轻量化，从而降低土建结构的投资。目前，国内已经运行的低速磁浮线路主要有长沙机场快线和北京 S1 线（最高运行速度为 140 km/h），国外主要有日本东部丘陵线、韩国仁川机场线。

低速磁浮列车作为一种新型的城市轨道交通工具，适用于地形地貌复杂、建筑物拥挤、线路布置困难的城市及风景名胜区。城市内轨道交通车站站间距离较短，速度要求相对较低；此外，采用地面或高架形式敷设时，线路对噪声、振动的要求较高。因此，风景名胜区及采用地面或高架形式敷设的城市内轨道交通可考虑速度等级为 120 km/h 的低速磁浮铁路。

目前，国内低速磁浮铁路虽然均采用常导短定子磁浮制式，但存在着车辆尺寸、轨距等方面的差异，这些差异不利于磁浮铁路技术发展，不利于设备集约化利用，不利于互联互通。2019 年 8 月 22 日颁布的行业标准《磁浮铁路设计标准（试行）》（TB 10630—2019）明确了磁浮基本建筑限界、轨距、轨道基准面、车辆长度、车辆宽度、车辆高度、车内净高、车辆地板面高度等主要技术参数，统一了主要技术标准，为磁浮铁路技术的发展奠定了良好的基础。下一步首先应该开展低速磁浮悬浮导向与轨道标准匹配性、桥梁挠度与竖向自振频率、隧道断面面积等方面研究，降低工程投资和建设运营维护成本；其次，需要开展通过加长车辆长度来提高车辆载客量、提高行车密度等方式提高运能的研究，以便满足城市轨道交通大、中运量的运输需求；此外，工程项目规划设计中，需要充分发挥磁浮技术优势，选择适宜场合建设线路，提高项目经济效益。

8.2　中速磁浮交通技术

国内中速磁浮主要有低速磁浮列车直接提速（短定子技术）、长定子永磁直线同步中间驱动＋永磁电磁混合悬浮、双侧电磁同步驱动＋悬浮驱动一体化等三种技术制式，均集成了低速磁浮、高速磁浮噪声低、能量利用率高、转弯半径小、速度快等优点。此外，与现有低速磁浮系统相比，中速磁浮具有以下特点：一是更高效，牵引效率提高 10%以上，悬浮能耗降低 20%以上；二是更智能，采用地面控制，可实现无人驾驶；三是更高速，比目前运营的北京 S1 线和长沙磁浮快线速度更快，时速最高可达 200 km；四是更大载客量，车厢每延米载客量比低速磁浮车型提高 10%，同时可调节 2～6 辆灵活编组。

中速磁浮适用于城市群之间、中心城市与卫星城之间，以及城市内部各区域间运行，将为我国新时代城镇化建设和“一带一路”

国际合作，提供高效节能的轨道交通系统方案。市郊铁路、市域铁路及城际铁路远离城市中心区，为节省投资，一般均采用地面和高架形式敷设，线路对噪声、振动的要求较高，此外，郊区铁路车站站间距较长，速度要求较高，因此，市郊铁路、市域铁路及城际铁路可考虑速度为 120～200 km/h 的中速磁浮铁路。

依托"十三五"国家重点研发课题"时速 200 公里磁浮交通系统关键技术研究"，中速磁浮虽然在车辆与悬浮控制技术、线路轨道技术、牵引供电技术、运行控制技术等方面均取得了一定成果，但目前中速磁浮研究的技术制式较多，发展方向尚不明确，需要对中速磁浮三种技术制式开展系统研究、分析比较，合理确定未来商业运营的系统技术制式；此外，需要与时速 200～250 km 轮轨铁路进行技术经济比较，在综合考虑环保、运营维护成本后，中速磁浮全生命周期成本要优于轮轨铁路才有生存空间；另外，需要编制中速磁浮统一技术标准，明确中速磁浮基本建筑限界、轨距、车宽、荷载等主要技术参数及牵引供电技术方案。

8.3 高速磁浮交通技术

纵观国内外高速磁浮交通制式，目前主要包括常导电磁悬浮制式、高温超导永磁悬浮制式和低温超导电动悬浮制式。

从 2000 年开始，我国对常导高速磁浮交通技术进行系统研究，以引进德国技术建设上海高速磁浮示范运营线为契机，通过技术谈判、工厂制造、安装调试和运营培训等工程建设环节，全面消化吸收德国常导高速磁浮交通技术。同时，通过国家 863 重大专项和科技支撑计划，对常导高速磁浮交通系统开展原型样机研发、工程化产品制造、技术标准研究等工作，比较全面地掌握了常导高速磁浮交通技术并形成了产业化能力和条件，完成了 600 km/h

试验样车、关键装备样机。高温超导永磁悬浮技术与低温超导电动悬浮技术相比，在低温维持技术及其材料和经济性方面具有较大的优势，虽然西南交通大学就高温超导永磁悬浮技术开展了20多年的研究并完成了部分关键技术缩尺比例样机、试验线建设和试验，但仍处于实验室和仿真验证阶段。低温超导电动悬浮制式在日本已实现603 km/h试验速度，在建东京至名古屋预计实现505 km/h运营速度目标，我国交通领域专家针对低温超导电动悬浮技术开展了大量调研和技术跟踪工作，但目前尚处于试验研究阶段，同时完成了部分关键技术缩比样机、试验线建设和试验。

综上所述，目前常导高速磁浮交通制式技术储备最充分，但高速磁浮交通技术在未来长大干线推广应用尚需解决以下问题。

(1)高速磁浮长大干线工程化应用技术攻关及试验线建设

常导电磁悬浮制式在国内已有速度430 km/h运营实践，经过多年专项支持，时速600 km高速磁浮系统技术方案已基本确定，并通过“设计—仿真—试验”循环迭代、反复验证及系统优化，可以满足时速600 km干线运营要求，但时速600 km目标值条件下的车辆性能、土建工程、牵引变流、牵引控制、运行控制、车地无线通信、悬浮导向、涡流制动、车载供电等关键核心系统尚未经过高速运行验证，无长大干线工程化应用实践经验，需要开展时速600 km高速磁浮长大干线工程化应用技术攻关及试验线建设。

目前，国内高速磁浮交通试验线主要有“三个一”高速磁浮试验线及青岛四方拟建的665 m调试试验线，作为高速磁浮交通核心技术和关键设备国产化研究系统联调及车辆功能调试平台，两试验线均不能满足时速600 km高速磁浮试验需求，需要尽快建设时速600 km高速磁浮综合试验线，开展全速度级的系统集成试验、工程化验证。

考虑沪杭高速磁浮试验线已于2006年批准立项，可以依托沪杭磁浮项目，开展沪杭磁浮试验段建设和试验研究，按最高速度550 km/h设计，通过试验实现国产化车辆、牵引及运行控制系统的集成试验和验证，开展全速度级的集成调试和验证，进行相关的测试试验考核和评估，为时速600 km高速磁浮长大干线工程化应用积累经验。

(2)高速磁浮交通工程降造技术方案研究

长大干线高速磁浮交通系统规模大、投资多，技术要求高，属支撑高速磁浮科学研究、技术开发、产品研制的具有公益属性的“新基建”中创新基础设施。要保障高速磁浮交通系统在长大干线的推广应用，降低建设长大干线高速磁浮交通系统的市场风险、技术风险、投融资风险等诸多风险，需要针对高速磁浮车辆宽度、悬浮控制与轨道梁一体化设计、桥梁及隧道施工、牵引供电及运行控制系统国产化设备等方面开展工程降造关键技术方案研究，降低工程投资和建设运营成本。

目前，常导高速磁浮交通车辆的宽度为3.7 m，大于国内高速铁路标准动车组的宽度。考虑到高速磁浮交通如采用较大宽度的车辆，对于地下隧道，为满足高速行驶条件下空气动力学要求，需要增大隧道断面面积；对于高架线路，为满足高速行驶条件下噪声控制环评要求，需要采用全封闭式声屏障及对桥面进行加宽，土建工程投资较大。然而，高速磁浮交通如采用较小宽度的车辆，为满足客流运送需求，仅需增大车站长度，对土建工程投资影响较小，工程适用性较强。因此，需要开展高速磁浮交通车辆宽度技术方案研究。

此外，高速磁浮交通车辆运行时，为保证车辆在高速运行时的安全性和舒适性，高速磁浮交通对轨道梁一阶竖向自振频率、桥梁梁体挠度和结构刚度提出了较高的技术要求，桥梁工程投资较高，不利于高速磁浮交通技术在长大干线的推广应用,需要开展高速磁浮悬浮控制与轨道梁设计一体化研究,优化轨道梁设计指标,降低工程投资,提高磁浮系统的经济性。

(3)高速磁浮交通减振降噪技术方案研究

由于磁浮铁路采用了无接触、无摩擦和无磨损的支承、导向与驱动技术,在相同速度下,磁浮铁路的噪声比轮轨铁路噪声要低得多,但随着速度提高,磁浮或是轮轨列车所产生的噪声及振动污染也就越严重,噪声及振动超标经常成为限制速度的关键因素,需要花费巨大投资去解决噪声和振动问题。因此,对于时速 600 km 及以上轨道交通,为避免高速磁浮交通工程给沿线居民及环境敏感点带来的噪声和振动影响,需要开展高速磁浮交通减振降噪技术方案研究。

8.4 低真空管(隧)道磁浮交通技术

我国低真空管(隧)道高速磁浮铁路还处于理论分析、仿真计算和实验室验证阶段。中国工程院于 2018 年 10 月正式启动了“低真空管(隧)道磁悬浮铁路战略研究”重大咨询项目,针对速度目标值、真空度和合理运距以及常导制式、高温超导制式、电动制式、低真空管道、车辆装备、无线通信、运行控制等关键技术开展了方案研究,研究分析了其在真空环境中的适应性。初步给出了 600 km/h 速度级的低真空磁浮铁路技术方案,搭建了低真空管道超高速磁浮铁路综合评价体系框架,给出了低真空管道超高速磁浮铁路总体发展战略、发展路线图和政策保障建议。

对于低真空管(隧)道高速磁浮交通技术,首先需要对更高速度及真空条件下的车辆技术、管(隧)道技术、真空实现与维持技术、救援技术、通信与运行控制技术、热平衡技术、运行安全技术及防灾救援等关键技术问题开展研究，其次需要开展时速 600 km+低真空管（隧）道高速磁浮技术试验验证，建成时速 600 km+低真空管（隧）道高速磁浮铁路试验线。

参考文献

[1] 胡叙洪,伍卫凡. 磁浮交通技术与发展[M]. 北京：中国铁道出版社有限公司，2021.

[2] 翟婉明,赵春发. 现代轨道交通工程科技前沿与挑战[J]. 西南交通大学学报，2016，51(2)：209-226.

[3] 舒光伟,REINHOLD MEISINGER. 德国电磁型磁浮列车40年回顾[J]. 上海应用技术学院学报(自然科学版),2012,12(04):305-309.

[4] 张志洲，张惠霞. 韩国磁悬浮列车发展[J]. 国外铁道车辆，2006(4):8-12.

[5] 庞富恒，魏厥灵，闫晓言. 我国中低速磁浮交通发展综述[J]. 人民公交,2019(5):65-68.

[6] 马卫华，罗世辉，张敏，等. 中低速磁浮车辆研究综述[J]. 交通运输工程学报，2021(1):199-216.

[7] 马光同，杨文姣，王志涛，等. 超导磁浮交通研究进展[J]. 华南理工大学学报(自然科学版)，2019，47(7):68-74.

[8] 连级三. 磁浮列车原理及技术特征[J]. 电力机车技术，2001(3):23-26.

[9] 蔡文锋，颜华，杨平. 中低速磁浮轨道系统特点及工程适应性分析[J]. 铁道工程学报，2015，32(2):54-59.

[10] 李云钢. EMS型磁浮列车悬浮控制技术研究[D]. 长沙：国防科学技术大学，1997.

[11] 中华人民共和国国家铁路局. 磁浮铁路技术标准(试行)：TB 10630—2019[S]. 北京：中国铁道出版社有限公司，2019.

[12] 中华人民共和国住房和城乡建设部. 中低速磁浮交通设计

规范:CJJ/T 262—2017[S]. 北京:中国建筑工业出版社,2017.

[13] 中华人民共和国住房和城乡建设部. 中低速磁浮交通轨排通用技术条件:CJ/T 413—2012[S]. 北京:中国标准出版社,2012.

[14] 祁宝金. 中低速磁浮F轨多面同时加工装置和方法[J]. 金属加工(冷加工),2021(4):50-53.

[15] 赵洪洋. 中低速磁浮F轨排组装精度控制方法探讨[J]. 铁道建筑技术,2017(5): 114-118.

[16] 徐银光,蔡文锋. 中低速磁浮交通工程建设核心技术研究[J]. 铁道工程学报,2015(7):82-87.

[17] 唐希峰. 中低速磁浮轨道安装施工技术[J]. 铁道建筑技术,2016(8):104-108.

[18] 翟勇. 中低速磁浮轨道梁制造关键施工技术[J]. 四川建筑,2020(3):247-249.

[19] 朱红军,熊超华. 中低速磁浮轨道工程施工工序研究[J]. 铁路工程技术与经济,2018(5):29-32.

[20] 陈杰. 中低速磁浮轨道精调施工技术研究及应用[J]. 建筑工程技术与设计,2018(34):175-177.

[21] 周文. 中低速磁浮道岔安装调试技术[J]. 铁道建筑技术,2020(5):151-154,164.

[22] 徐航. 中低速磁浮交通轨排铺设装备结构及动力学分析[D]. 成都:西南交通大学,2020.